Seja fiel aos seus sonhos

Dados Internacionais de Catalogação na Publicação (CIP)
(Câmara Brasileira do Livro, SP, Brasil)

Grün, Anselm

Seja fiel aos seus sonhos / Anselm Grün ; tradução de Edgar Orth. 5. ed. – Petrópolis, RJ : Vozes, 2014.

Título original: Bleib deinen Träumen auf der Spur

ISBN 978-85-326-3513-6

1. Desejo 2. Determinação (Traço da personalidade) 3. Realização pessoal 4. Sonhos I. Título.

07-3811 CDD-158.1

Índices para catálogo sistemático:

1. Sonhos : Crescimento pessoal : Psicologia aplicada 158.1

Anselm Grün

Seja fiel aos seus sonhos

Tradução de Edgar Orth

Nobilis
VOZES

Anselm Grün, *Bleib deinen Träumen auf der Spur*

Direitos de publicação em língua portuguesa:
2007, Editora Vozes Ltda.
Rua Frei Luís, 100
25689-900 Petrópolis, RJ
www.vozes.com.br
Brasil

Editoração: Elaine Mayworm
Diagramação: AG.SR Desenv. Gráfico
Capa: WM design

ISBN 978-85-326-3513-6 (edição brasileira)
ISBN 3-451-05550-3 (edição alemã)

Editado conforme o novo acordo ortográfico.

Este livro foi composto e impresso pela Editora Vozes Ltda.

Sumário

Prefácio

Anton Lichtenauer

Jamais o sonho é tão impetuoso como na juventude. O primeiro amor, a grande amizade – e o céu está aberto. Tudo parece possível – qualquer dia desses, nem pensar: tem que ser já. A vida tem que ser fantástica. E ela começa logo após o horizonte ali adiante. Nada para depois.

E mais tarde? Tennessee Williams comparou a vida a uma linha férrea que sempre conduz ao mesmo terminal: *Um bonde chamado desejo* é o título em português dessa peça sobre a vida que fica presa aos trilhos do fracasso. A linha de baldeação chama-se "cemitério", e é para lá que ela vai. A peça trata das pessoas que acabam se destruindo no torvelinho dos desejos e da ambição, das sofreguidões e dos instintos. E a frase central é: "Morte – o contrário disso chama-se desejo".

Tanto a ânsia da juventude quanto o desespero dos mais idosos fogem da banalidade. "Divinos são os amantes, os zombadores / todo desespero, desejo e quem espera." A frase de Gottfried Benn coincide com o que Tennessee Williams diz em sua peça. Desespero e esperança, cinismo e saudade estão muito próximos porque desejam ultrapassar o que existe. E é esta passagem de fronteira que interessa ao autor espiritual Anselm Grün ao falar do desejo.

O desejo existe por toda parte. Os *outdoors* brilhosos em nossas cidades convidam a trocar dinheiro pela felicidade; aqui e agora, dinheiro sem demora. Não se compra apenas um carro, mas juventude e progresso. O cartão de crédito significa concretização de sonhos. Um contrato de financiamento da casa própria é a autorrealização. Uma apólice de seguro é proteção total. O cigarro significa independência ou estilo de vida, dependendo da marca. E o diamante como presente quer dizer amor eterno.

O desejo instiga a paixão de comprar, turva a mente e o coração. Existe a certeza: pode-se ter tudo. E o que se pode ter já é também tudo. O mais completo absurdo de afirmação. A roda da ganância não dá tréguas; ela é girada com velocidade sempre maior pelos desejos insatisfeitos.

O desejo tem uma dupla face. Ele se realiza ou enfraquece e corrói. Pode aquecer a alma e pode simplesmente reduzi-la a cinzas. E o sonho de realizar o paraíso aqui na terra sempre se baseou no passado numa força destrutiva que fez tudo em pedaços.

Quem experimenta a falta sente o desejo. Mas também quem já viveu a felicidade inebriante: "De fato, lá em cima a gente nunca fica", diz o alpinista, após ter alcançado o topo, e agora, enquanto desce para o vale, já sonha com a próxima montanha. Onde há vazio, há desejo. Mas também isto é desejo: há uma promessa no ar, um sonho seduz. O desejo visa à realização e promete sentido, objetivo, importância e brilho à vida. Como o amor.

O amor e o desejo pertencem um ao outro. Também o amor quer ultrapassar os limites que são colocados a seu eu. Segundo a mitologia grega, Eros é um demônio, um ser intermédio entre os deuses e os homens. Penia, a pobreza, é sua mãe e o deus Poros é seu pai. Pelo fato de ter parte nos dois mundos, Eros pode mediar entre o divino e o humano. Ele sabe que os humanos são carentes: são pobres e sedentos de amor. E mantém desperto o desejo por amor. O desejo sonha em abolir tudo aquilo que nos impõe limites. Em Eros está o prazer de felicidade sem fim: "Todo prazer quer eternidade". O desejo espera ouvir, em meio à balbúrdia insana, a palavra decisiva e perene que oferece consolo e proteção. Para viver no vaivém agitado de cada dia, o instante realizado da vida, o tempo já não conta. Importa encontrar em tudo o prazer do amor que me impulsiona. Se conseguirmos acompanhar esse desejo em nós, diz Anselm Grün, estaremos no verdadeiro rastro de nossa vida.

Naturalmente, Anselm Grün conhece a dupla face do desejo. Apesar disso, ele o considera a força espiritual mais poderosa dentro de nós. Ele aponta o caminho para a verdadeira felicidade.

Um mundo sem desejos seria um pesadelo – quando a vida seria apenas a "última oportunidade" de ainda enfiar tudo dentro de si ou de açambarcar tudo no frigorífico do ego. A ideia que Anselm Grün tem de felicidade é outra: não deixar extinguir-se o fogo na alma, mas atiçá-lo para que o mundo não esfrie e endureça. Ampliar os objetivos e assim deixar espaço para a esperança e o sonho. Tornar grande o coração, pois só em nosso desejo encontramos verdadeira morada. Procurar proteção e segurança, mas não ficar estagnado no conseguido. O conselho dele: não deixe que seus sonhos virem pó. Procure espaços em que você possa ser e tornar-se o que você é. Viva relações salutares. Abandone os trilhos fixos do costumeiro e ponha-se a caminho. Examine a fundo seu desejo e mantenha-o vivo.

Aliás, a espiritualidade não é outra coisa. Anthony de Mello, que Anselm Grün gosta de citar, falou certa vez: "Para ter êxito na aventura, chamada espiritualidade, é preciso estar firmemente decidido a tirar da vida o máximo possível. Muitas pessoas se contentam com ninharias, como riqueza, fama, conforto e prestígio social". São objetivos muito pequenos em comparação com o que realmente é possível.

Portanto: a última estação do trem é o desejo? Não! O desejo é o início da arte de viver. E mais: o desejo é o começo de tudo.

I

A linguagem da alma

Uma emoção cheia de força

A palavra desejo é difícil de ser traduzida para outras línguas, pois tem várias conotações. A própria palavra grega *epithymia* significa ânsia, paixão, saudade. Vem de *thymós*, do campo emocional. *Thymós* quer dizer sopro, alma, vida, vontade, desejo. Portanto, originalmente a palavra grega significa uma agitação, um desejo veemente, que está cheio da vitalidade toda do ser humano. Assim a emprega Lucas em seu Evangelho, quando coloca estas palavras na boca de Jesus: "Epithymía epethmesa = desejei ardentemente comer esta páscoa convosco" (Lc 22,15). Jesus fala aqui não só de um desejo do espírito, mas de sua pessoa toda, de um desejo cheio de força, cheio da comoção do espírito. Na filosofia grega, a palavra foi muitas vezes depreciada como apetite da carne, oposta ao espírito. Também na Bíblia foi empregada na maior parte das vezes no sentido negativo, como algo pecaminoso, contrário a Deus.

A palavra latina *desiderium* significa desejo. Tem evidentemente a ver com *sidus* = astro. Os autores latinos falam do fogo do desejo ou do ardente desejo por alguma coisa que não se tem. As estrelas, só podemos vê-las, não tocá-las.

Na filosofia estoica, o desejo foi muitas vezes equiparado ao *desiderium carnis*, ao apetite carnal. Mas, em Agostinho, a palavra recupera seu sentido original de desejo. Diz que todo desejo e anseio do ser humano é em última análise um desejo do além. Tomás de Aquino assumiu essa ideia de

Agostinho e desenvolveu a teoria do *desiderium naturale*. O ser humano tem um desejo inato de ver Deus, de se unir a Deus. Só pode realizar plenamente sua humanidade quando se tornar um com Deus[1].

1. Nota do tradutor: Os parágrafos finais deste capítulo são uma análise da palavra alemã *Sehnsucht*, que por nós foi praticamente sempre traduzida por desejo. O autor diz que a palavra *Sehnsucht* se compõe de duas partes – *Sehne* e *Sucht* – e tece considerações sobre ambas. Como isso não tem nada a ver com nossa palavra desejo, achamos a análise do termo alemão de menor interesse para o leitor brasileiro; omitimos, pois, na tradução essas linhas. Mas ao final do capítulo há uma frase válida para todos: “O desejo não nos aprisiona. Ao contrário, ele alarga o nosso coração e nos faz respirar com liberdade. Ele confere à nossa vida sua dignidade humana.

II

Como somos e como poderíamos ser

Cigano na poltrona

Anthony de Mello gosta de contar histórias que esclarecem muita coisa de nossa própria vida de cada dia. Nós estamos presos na jaula de nossos costumes, diz ele, como um urso que anda de cá para lá em sua jaula de apenas seis metros de comprimento. Quando, muitos anos depois, foram retiradas as grades de sua jaula, o urso continuou a andar de cá para lá naquele espaço de seis metros, como se a jaula ainda estivesse aí. Para ele, a jaula ainda estava ali. Seu desejo havia morrido depois desse longo período de cativeiro.

Em outras curtas narrativas, de Mello descreve a ideia do desejo. Ele mostra como às vezes pode ser pequeno o desejo do infindo:

> Após trinta anos de ver juntos programas de televisão, o marido disse à mulher:
>
> "Vamos esta noite fazer alguma coisa bem emocionante".
>
> Os olhos dela brilharam, pensando numa noite fascinante na cidade.
>
> "Fantástico", disse ela, "e o que faremos?"
>
> "Vamos trocar este sofá".

Para o homem, todo o desejo de algo emocionante consistia em trocar o sofá. Certamente não conhecia outros desejos, nem outra aspiração maior. Os trinta anos de ver televisão havia satisfeito tanto os desejos dele que nos parecem piada.

Mas não é assim mesmo? A que ponto mínimo reduziu-se o desejo de muitas pessoas!

A graça surge da tensão entre o idealizado e a realidade. Faíscas voam quando o mundo que se imagina poder existir se choca contra aquele que de fato existe.

Anthony de Mello conta outra história, também tirada da vida diária e que ele intitulou "O cigano":

> Numa pequena cidade do interior vivia um velho há cinquenta anos na mesma casa. Um dia, para surpresa de todos, mudou-se para a casa ao lado. O repórter do jornal da cidade foi à casa dele e quis saber a razão dessa mudança tão inesperada. O velho respondeu com muito bom humor: "Acho que é o cigano que está em mim".

Não é preciso tecer maiores comentários. Isto "está". Anthony de Mello descreveu muito nessa história o nosso desejo, que se tornou pequeno e mirrado pela nossa autossatisfação.

Nós nos fazemos menores do que somos.

Muito menores.

A estrela perdida

Há uma história, muito lida no pós-guerra, escrita por Ernst Wiechert: "A estrela perdida". Conta a respeito de um jovem soldado alemão, que voltou para casa depois de passar algum tempo no campo de concentração russo. Estava feliz demais por, finalmente, vir para casa. Mas, após algumas semanas, percebeu que na verdade não se sentia realmente em casa. Falou sobre isso com sua avó e eles descobrem que a estrela naquela casa fora perdida. O mistério já não morava naquela casa. Só era vivido superficialmente. A gente planeja, constrói, conserta e se preocupa para que a vida funcione. A gente providencia tudo e vai reprimindo nossa própria vida. Nosso essencial foi perdido. A vida não tem mais qualquer orientação interior e qualquer amplitude maior. A estrela do desejo se apagou.

Lá onde a estrela do desejo despencou de nosso coração, não podemos mais sentir-nos em casa. Sentir-se em casa só é possível quando ali mora o mistério. Não se trata de um objetivo longínquo, de uma busca por algo desconhecido ou de trabalho a ser realizado e que nos projetaria perante os outros. Em nós mesmos está este espaço em que mora o mistério. É um espaço da intimidade. Este espaço está livre das opiniões altissonantes que de costume nos perturbam, livre das expectativas e desejos das pessoas em volta de nós. Também está livre das autorrecriminações, autodepreciações e autoacusações. Nesse espaço, em que o próprio Deus mora em nós, estamos livres do poder das pessoas. Ali ninguém pode nos prejudicar. Lá estamos sãos e salvos. Lá somos plenamente nós mesmos. E lá, onde mora o mistério em nós, podemos estar em casa conosco mesmos. Quem está em casa consigo mesmo consegue sentir-se em casa em qualquer lugar. A casa forma-se ao redor dela. Quando na intimidade só batemos de frente conosco mesmos, com nossos problemas, com nossas deficiências, com nossas repressões e com os complexos de nossa psique, precisamos qualquer dia fugir disso. Ninguém aguenta ser confrontado apenas consigo mesmo. Entende-se, pois, que muitas pessoas evitem sua própria verdade. Mas quando sei que, sob todas essas repressões e perdas, Deus mesmo mora em mim, posso suportá-la, experimento em mim um espaço em que posso estar em casa, porque o próprio mistério mora em mim.

Posso então dimensionar-me pelo céu.

Uma rã no poço

"Uma rã que vive num poço avalia a dimensão do céu pelos limites do poço." Isto nos diz um ditado mongol. Os mongóis são um povo que ama a amplidão da estepe. Seu nomadismo e sua necessidade de espaço aberto são conhecidos da história. E essas características marcam ainda hoje as tribos nômades. O ditado acima explicita sua sabedoria em relação a certas estreitezas da mente.

Às vezes somos como a rã que avalia a dimensão do céu pelos limites do poço. Só vemos o evidente. A rã nada na água e só de vez em quando olha para cima. Assim nadamos nós nas muitas tarefas de nosso dia a dia. Às vezes levantamos os olhos e vemos o céu. Mas não reconhecemos sua amplidão infinita. Só quem traz em si o desejo do infinito pode perceber a infinitude do céu. E nisto há um paradoxo: só quem olha para dentro consegue ver bem para fora. Só quem traz em si o desejo de um mundo que ultrapassa todo o aquém tem o olhar correto sobre este mundo. Ele não é mais tudo para ele. O desejo corrige o que ele vê, de modo que tudo recebe sua medida exata.

O sabor da vida

"Algumas pessoas vivem numa rotina tão estranha que é difícil acreditar que estejam vivendo pela primeira vez." O escritor polonês Stanislaw Jerzy Lec, um dos críticos mais perspicazes de nossa época, acertou num ponto nevrálgico: Lec não pensa em reencarnação, mas na impressão que lhe causam essas pessoas no dia a dia. Nada na vida tem para elas o mistério, a sensação do ser único: elas são jovens, estão na flor da idade, amadurecem e envelhecem. E levam a vida como se já tivessem vivido isso milhares de vezes. Não têm qualquer sensibilidade pelo novo que cada dia traz consigo, pelo único e diferente que toda idade traz em si. Agem como se soubessem tudo, mas na verdade não sabem nada. Saber quer dizer ter os olhos abertos para ver e assimilar as coisas. Essas pessoas não enxergam, vivem às cegas. Sua vida transcorre como num teatro de bonecos. Elas mesmas não vivem, são empurradas pela vida. São governadas de fora e executam sem qualquer imaginação sempre os mesmos movimentos. Não têm sonhos que inoculem vida à sua existência.

Mas deveria tratar-se disso: de que ficássemos conscientes de nossa singularidade. De que rompêssemos a rotina sempre igual e sentíssemos a originalidade da vida. De que nos déssemos conta do que significa: eu respiro, portanto estou vivo. Estou aqui. Sinto o gosto da vida todo dia de modo novo. Nenhum dia se parece ao outro.

Cada um de nós é único e original. Deus fez para si de cada ser humano uma imagem sua, que é realidade única nessa pessoa. Nossa missão na vida é fazer que tal imagem original se torne visível em nós.

Aborrecimento e inquietação

Quando dei recentemente uma palestra sobre a psicologia dos patriarcas monacais e mencionei o que eles disseram a respeito do fenômeno da *akedia* – palavra que pode ser traduzida por aborrecimento e tédio –, uma senhora me disse após a palestra que isto se aplicava perfeitamente a seu marido. E descreveu o comportamento dele. Quando o tempo estava nublado, ficava intratável. Ia de quarto em quarto sem parar. Enquanto ela trabalhava na cozinha, ele lia o jornal. Mas nem isso aguentava. Levantava-se, sentava de novo, acossado por constante inquietude. E, no final das contas, não fazia nada. Quando ela lhe pedia para dar uma mãozinha no trabalho da casa, isto lhe parecia demais. Fazia planos para ela e procurava afastá-la do trabalho. Reclamava do tempo, criticava a Igreja, a política, o conselho da comunidade, o vizinho. Tudo era contra ele. E tinha aversão a tudo. Mas não sabia o que realmente queria. Ele estava entediado, completamente aborrecido.

O que os antigos monges chamavam de *akedia* é algo mais do que aborrecimento. É o desânimo, inércia, insatisfação, tédio, a incapacidade de viver o momento atual. É a consequência de um anseio frustrado e uma mistura de tristeza e de ressentimento. Para Evágrio, é o demônio mais perigoso, que não só luta contra partes isoladas da alma, mas que pode paralisar a alma toda.

Evágrio, um monge grego, que poderíamos chamar de psicólogo entre os monges antigos, dizia que o demônio da *akedia* era o demônio do meio-dia, porque vinha por volta do meio-dia. Pelas 15:00 horas era horário de almoço. Ao tempo do maior calor e antes da refeição, a sensação é especialmente penosa. O monge sente sua fome e mal pode suportá-la. Por isso olha constantemente para o sol a fim de ver se não está quase na hora de comer.

Mas o demônio do meio-dia é também uma imagem da crise da meia-idade. Na meia-idade, muitas pessoas percebem que elas mesmas já não se conseguem suportar. Sentem-se interiormente dilaceradas e irrequietas. Nessa dilaceração não conseguem mais suportar a si mesmas nem os outros. Por um lado desejam a presença de alguém, para não se sentirem sós. Mas quando aparece alguém, isto lhes dá nos nervos. E assim afundam-se no julgamento de que o amor entre as pessoas acabou e que não há mais ninguém que tenha tempo para elas.

Para os monges primitivos, lidar com suas emoções e paixões era tema central de sua vida espiritual. A sombria experiência do aborrecimento, a sensação plúmbea do tédio, a impressão do autoestrangulamento não são coisas apenas da modernidade. São coisas que vêm de longe e duram até hoje.

Amuado em seu canto

Em conversas, ouço sempre de novo a queixa de que as pessoas se sentem sozinhas, que não têm ninguém que as tome pelo braço e com elas converse sobre assuntos bem pessoais. É o desejo de proximidade e amparo que vejo e deduzo dessas queixas. Tento abordar na conversa tal desejo e pergunto à pessoa o que ela espera da proximidade de outra pessoa. Ouço palavras como: "Gostaria de contar com uma pessoa que estivesse simplesmente aqui, que suportasse as coisas comigo, que me assistisse quando eu não estivesse muito bem, que me compreendesse, que não me criticasse e me condenasse, da qual não precisasse ter medo algum. É o desejo de estar com alguém que me acariciasse meigamente, à qual eu pudesse dizer sem meias palavras o que se passa no meu íntimo". Muitas vezes pergunto: "Você consegue ficar próximo(a) de si mesmo(a)? Consegue ser meigo(a)? Consegue aceitar-se como é, sem se julgar ou condenar? Consegue fazer com que a pequena criança machucada encontre conforto e segurança em você?" Percebo com frequência que as pessoas esperam receber de outras o que elas mesmas se poderiam dar. Porém, quanto mais incapaz é uma pessoa para estar próxima de si, maior é nela o desejo de proximidade e segurança. Não podemos nós mesmos(as) realizar este desejo. Precisamos de pessoas que nos ofereçam segurança. E precisamos da proximidade salutar e amorosa de Deus na qual nos sentimos seguros(as). Mas se esperamos apenas e exclusivamente das outras pessoas ou de Deus esta proximidade protetora, jamais vamos experimentá-la. Devemos, portanto, aprender uma coisa bem elementar: temos de ficar próximos de nós, suportar-nos, tratar-nos com carinho para que possamos também usufruir da proximidade e da segurança das outras pessoas e de Deus. O desejo de segurança não deve levar-nos à passividade. Ao contrário, deve levar-nos à iniciativa de nos aproximarmos de nós mesmos(as) e de nos abrirmos às pessoas que já estão perto de nós. Se nos aproximarmos delas, também sentiremos sua proximidade. Se nos sentirmos abandonados(as) e sós e ficarmos amuados(as) em nosso canto, aí mesmo que não chegaremos à proximidade de ninguém.

Infelicidade sem desejos

O escritor austríaco Peter Handke escreveu na juventude um livro intitulado *Wunschloses Unglück* (*Infelicidade sem desejos*). Em sua descrição sóbria e direta faz um relato impressionante da vida de sua mãe. Ela nascera e crescera num ambiente austeramente católico do interior e, após um casamento infeliz, havia se suicidado com uma overdose de comprimidos soníferos aos cinquenta e um anos. De modo bem realista, mas de maneira tocante, o pequeno livro descreve a vida daquela mulher. Ela perdera todas as ilusões, enterrara todas as pequenas e grandes esperanças e, como não tivesse horizontes diante de si, torna-se cada vez mais depressiva. A atmosfera desconsoladora de sua vida era cunhada por um cinza escuro: "Não era o fazer nada que era doce (*dolce far niente*), mas o trabalho. Aliás, não se tinha outra opção. Não se tinha mais olhos para nada. A curiosidade já não era uma característica da vida, mas um vício de mulher. Não havia lugar para sonhos. Tudo era apenas cotidiano sombrio e tristonho. Tudo era rotina costumeira. A gente funcionava sem imaginação e sem prazer para superar a monotonia. Até mesmo das crianças eram expulsos os desejos. Era ridículo – assim se expressa o filho – expor seriamente algum desejo. Inclusive no Natal, nada acontecia de novo em nosso mundo. No Natal, as coisas de que necessitávamos sempre eram embrulhadas como presentes. A gente fingia surpresa com as coisas necessárias do dia a dia como roupas de baixo, meias ou lenços e dizíamos que era exatamente o que estávamos querendo". O filho resumiu assim a descrição de sua mãe neste mundo de pragmatismo sem sonhos: "Raras vezes sem desejos e de certa forma feliz, a maioria das vezes sem desejos e um pouco infeliz". E levando tudo isso em consideração, o filho admirou inclusive a atitude consequente de sua mãe de "sair" desta vida desconsoladora.

Com sua descrição, Peter Handke retrata não só a natureza de sua mãe, mas a atitude de vida de muitas pessoas. Na língua alemã existe a expressão *wunschlos glücklich* (feliz sem desejos). Quando alguém consegue dizer sim para si assim como ele é e para sua situação de vida, isto pode ser um pressuposto absoluto de sua felicidade interior. Mas só vai sentir-se feliz aquele que encontrar dentro de si uma riqueza interior: a riqueza do espírito.

Quem não possui desejos porque não tem esperança de que alguma coisa mude torna-se facilmente duro por dentro. Por causa dessa falta de esperança, algumas pessoas se tornam cínicas e, outras, depressivas. Quem se torna assim é infeliz sem desejos. Não fez as pazes com sua vida. Está desgostoso e insatisfeito. Nem mesmo lhe resta sonhar com uma vida cheia de realizações. Também os sonhos se perderam. Não tem mais razão de viver. Tudo ficou vazio. Monotonia constante determina e enche sua vida. Não tem mais nada que possa opor ao mundo aborrecido das obrigações e rotinas. Nem mesmo existe para ele a possibilidade de criar um mundo contrário, o mundo criado por sua própria fantasia. Não há mais ilusões que o ajudem a fugir da estreiteza de seu mundo. Até o desejo de um outro mundo não existe mais. A vida desemboca numa "infelicidade sem desejos".

Uma razão mais profunda

Normalmente, os pesquisadores de opinião pública perguntam às pessoas sobre seus desejos para detectar seus anseios mais profundos. O desejo não é algo estatístico, mas algo constante apesar de toda sua diversidade. As pesquisas documentam de fato como nos últimos anos se modificaram os desejos, acompanhando as outras formas emocionais de expressão e das situações de necessidades. Eles dependem de certo sentido de tempo e, de acordo com a situação política e social, têm outra forma ou outra meta. Numa época de perigo apocalíptico de guerra, as pessoas desejam ansiosamente a paz. Quem assiste pela televisão aos atentados terroristas implora segurança e proteção. Numa época de perda de identidade, as pessoas sentem um profundo desejo de pátria e amparo. Na falta de orientação da sociedade pluralista, cresce o desejo de clareza e de simplicidade. Também o fundamentalismo é expressão desse desejo de segurança e estabilidade profundamente enraizado na alma humana. E as pessoas que vivem numa ditadura desejam liberdade num amplo sentido e espaço aberto.

Um jornalista americano conta que nos Estados Unidos sempre mais pessoas gastam tempo e energia na pesquisa de sua árvore genealógica. Também entre nós aumenta o número dos que buscam suas origens ancestrais.

Evidentemente as pessoas desejam descobrir suas raízes para certificar-se de suas identidades e, assim, fugir do anonimato histórico. Percebem que é muito pouco estarem preocupadas apenas com reconhecimento e aprovação. Disso não se pode viver. Desejam uma razão mais profunda.

Por mais formas de desejos que haja, por mais diferentes que se apresentem nas culturas, nas situações sociais ou nas condições de vida, uma coisa é comum a eles: o desejo aponta para algo que está "além" das realidades sensíveis.

O país das maravilhas

Alguém disse muito bem que a propaganda desperta nas pessoas a necessidade de coisas de cuja existência não tinham conhecimento antes. Isto funciona à medida que "carregamos" certos produtos com determinadas emoções. Os desejos são com isso explorados inescrupulosamente. Visa-se tão só atingir a ânsia de felicidade de cada pessoa. Divulga-se a mensagem de que é possível comprar a felicidade e comprá-la com rapidez aqui e agora. O desejo é capitalizado e transformado em compulsão, pois o objetivo da propaganda é consequente em sua lógica: quer estimular a mania de comprar, portanto, um estado psíquico em que as pessoas, por meio do ganho de dinheiro e da compra de produtos, procuram sempre adquirir a felicidade. É surpreendente que muitas vezes a propaganda empregue uma linguagem religiosa. Promete-se então o céu na terra. Uma atriz de cinema dirigindo determinado carro, por exemplo, é transformada em "deusa". A compra de um novo toca-fitas vai dar a sensação de se estar ouvindo música "celestial".

Nessa linguagem figurada mexe-se com um desejo arquetípico. Os propagandistas sabem: quem atinge o desejo, que está no profundo do inconsciente da pessoa, este consegue seduzi-la, este consegue o domínio sobre sua psique.

O único remédio contra isso é encararmos de frente nossos desejos e nos perguntarmos qual é, afinal, nosso desejo mais profundo e como pode ser realizado. Quando os desejos atingidos são inconscientes, a pessoa é facilmente manipulável. Mas quando a propaganda encontra uma pessoa que está em contato consciente com seus desejos, ela passa indiferente, pois percebe a manipulação e o falseamento. A propaganda visa em última análise a desejos infantis. É o sonho do País das Maravilhas, o sonho de que todos os meus desejos se realizem.

Pascal Bruckner acha que o infantilismo é típico de nosso tempo. Infantil é quem pensa que tudo é possível e que a sociedade só existe para satisfazer seus desejos infantis. O sonho de um País das Maravilhas não é maduro nem adulto. O sonho da pessoa madura ultrapassa este mundo e aponta para uma realidade que é única e exclusiva para realizar o desejo.

Uma sede insaciável

Bebida em excesso, trabalho em excesso, paixão em excesso, drogas em excesso, comprar em excesso, comer em excesso, emagrecimento em excesso, sexo em excesso, cobiça em excesso, jogatina em excesso... A lista poderia continuar. O que está por trás? O que o vício tem a ver com desejo, nós o experimentamos quando descemos às raízes de nossos vícios. Procuramos o absoluto e queremos segurá-lo. Procuramos a felicidade e sucumbimos a coações. Quando meu humor alegre se deve ao álcool, já chegamos lá? Isto foi tudo e para sempre? É preciso acompanhar nossos vícios até suas origens: se eu acrescentar sempre mais coisas e mergulhar numa doideira de comprar, será que estou realmente satisfeito(a) com o que adquiri? Posso alguma vez ter o bastante? Definitivamente e para sempre? Se não consigo afastar-me de minha mesa de trabalho, qual é o objetivo que realmente procuro? O que me força à constante repetição? Mesmo que eu acumule tudo com avidez insaciável, mesmo que eu mude de parceiro(a) na busca do novo: em meio a essa saciedade toda fica o vazio interior, e o desejo torna-se ainda maior. A confusão não consegue satisfazer-se na repetição infinda. É isto? Ou eu busco algo mais? Não estou à procura de uma realidade bem diferente? Meu grande objetivo desfaz-se sempre de novo. Nada de terreno, nenhuma coisa, nenhum êxito, nenhuma pessoa amada pode tranquilizar nossa inquietude interior. "Spiritus contra spiritum" (espírito contra estímulo alcoólico), diz o psicólogo da análise profunda C.G. Jung. Só a abertura para o espírito pode superar a dependência. C.G. Jung escreveu sobre uma paciente: "Seu vício por álcool corresponde em grau menor à sede espiritual da pessoa pela totalidade ou, em linguagem medieval, pela união com Deus".

E uma mulher, que se tornara alcoólica, escreveu sobre seu desejo, que ela procurava realizar em vão no álcool: "Ao que me lembre de minha infância, sempre estive em busca de algo que não sabia definir. O que quer que fosse, providenciaria para que eu me sentisse bem, que estivesse em casa, como se eu dali fizesse parte. Se eu o encontrasse, não mais estaria só. Saberia o que era ser amada e aceita e também eu, de minha parte, poderia dar amor. Ficaria feliz, repleta de paz comigo mesma, com minha vida e com o mundo. Haveria de sentir-me livre, desimpedida, aberta e cheia de alegria". Sua busca era afinal uma busca espiritual. Mas afogou rápido demais seu desejo no álcool. Após ficar curada de sua doença, percebeu que sua aspiração maior era, na verdade, uma sede profunda de totalidade. Só venceremos nosso vício se nós o transformarmos em desejo.

Pequenas fugas

"Nada melhor do que sumir" – esta é hoje uma atitude mundialmente difundida. O escritor americano Thornton Wilder acerta na mosca numa observação espirituosa: "Falamos sempre de pessoas que querem entrar em casa. Todavia, há mais pessoas no mundo que desejam sair de casa". Isto refere-se obviamente à disposição psíquica de muitas pessoas que sofrem hoje em dia sob a estreiteza de seu dia a dia e que são tomadas pelo sentimento de pânico: "Nada melhor do que sumir". Querem fugir de relacionamentos engessados, evadir-se de casamentos que já morreram. Desejam livrar-se das muitas obrigações que nunca diminuem, mas, ao contrário, só aumentam e que pesam sobre elas qual ônus insuportável. Deveríamos uma vez considerar seriamente o seguinte: existe uma mãe sozinha para educar seus filhos e que mal consegue às vezes tirar um tempo para as suas precisões. Existe uma filha que sem qualquer reconhecimento dos outros cuida de sua mãe doente. Existe o advogado que se propôs trabalhar menos, mas as circunstâncias exteriores o forçam a lutar sempre mais num sistema de roda-viva. Todos gostariam de fugir de suas responsabilidades – mesmo que afinal não o façam.

Mas, o que fazem as pessoas com um desejo que não podem realizar? Não é frustrante ter um desejo assim? Em todo caso, podemos considerá-lo também assim: seu desejo, que elas não reprimem, mas admitem, também as alivia. Deveríamos vê-lo como expressão sincera de sua existência: no desejo ressoa sempre a esperança de algum dia poder sair. Cresce ao menos a fantasia de como se poderia tentar pequenas fugas.

O desejo por lugares distantes

O desejo de pátria (lar) e de segurança (aconchego) é uma emoção com raízes profundas. Mas existe também o sentimento oposto. Ele aponta para o novo, para a aventura. Os milhares de migrantes que todo ano se põem a caminho de outros lugares são no fundo tocados por um desejo pelo distante. Este desejo por lugares distantes é um desejo pelo totalmente outro que eles gostariam de realizar. Gostariam de sair da rotina enfadonha. Gostariam de sentir no mundo distante uma vida autêntica em sua originalidade. Eles se põem a caminho nas estradas superlotadas, às vezes em aviões, e procuram o paraíso em lugares bem distantes e em países exóticos.

Uma pessoa constatou com muito acerto: o desejo pelo distante e a saudade da pátria estão muitas vezes bem unidos: "O desejo por lugares distantes não se satisfaz com o embarcar num navio; muitas vezes não é nada mais do que uma forma de saudade – o desejo do desconhecido ou do ainda não descoberto em nós" (John Cheever). Muitas pessoas procuram nos lugares distantes o lar que perderam lá onde moram. E, em última análise, estão buscando a si mesmas nessa viagem. Nos lugares distantes procuram aquilo que na verdade está tão próximo: o mistério de seu próprio coração, de seu espaço interior, no qual realmente podem sentir-se em casa.

Tentativas de fuga

Nos meses de verão, o serviço de informação do trânsito acusa normalmente filas quilométricas de congestionamento[2]. Às vezes chegam a mais de sessenta quilômetros. Parece que todo mundo quer fugir do dia a dia para curtir as regiões do sul. O que procuram as massas que o turismo movimenta todo ano? Será apenas descanso da rotina diária? A intenção

2. Nota do tradutor: neste parágrafo, o autor descreve a situação típica da Alemanha, mas, por uma questão de inteireza, mantivemos o texto.

é fugir do frio do norte para usufruir o sol quentinho do sul? Ou é a busca de uma terra diferente, onde é possível sentir-se também diferente do que na estreiteza de seu mundo de todo dia? São desejos profundamente arraigados que instigam as pessoas a viajar.

Ernst Bloch fala do prazer de viajar, que mantém as pessoas vivas e as estimula sempre de novo: "desejar de novo, é para isto que ajuda o prazer da viagem". As grandes epopeias da história da humanidade falam disso. As viagens de Jasão e de Ulisses são parte de nossa cultura. Mesmo o romantismo foi influenciado pelo desejo do objetivo distante, da migração e da viagem. Em poesias e em romances ganhou forma o intemporal. Mas hoje em dia, como o mundo inteiro entra em nosso quarto através dos meios de comunicação e como na era do turismo em massa já não existe praticamente objetivo inalcançável, esse desejo sofreu uma guinada. Muitos turistas viajam em verdadeiras fortalezas de turismo, nas quais continuam vivendo seu próprio mundo, bebendo a cerveja habitual, comendo a comida caseira de sempre e curtindo o conforto costumeiro com programas da televisão alemã. Ainda que viajem para bem longe, são incapazes de integrar-se no estrangeiro e desconhecido. Não procuram o desconhecido, mas querem o familiar. Mesmo nas "férias exóticas de aventuras", eles só simulam a aventura.

Outros, ao contrário, colocam-se na estrada ainda hoje movidos pelo desejo de lugares distantes. Sentem algo do desejo humano primitivo e romântico pelo novo e desconhecido. Têm um pressentimento de que no longínquo desconhecido pode brotar algo de novo também dentro deles, que podem sentir a si mesmos de maneira renovada. É o desejo de romper com o habitual, de mudar para uma nova forma, de buscar horizontes abertos, novas possibilidades.

Mas o que fazem muitos turistas, quando seu desejo de novas emoções nas férias não se realiza? Quando o casal briga porque os dois querem coisas diferentes? Quando o hotel não cumpre aquilo que o prospecto propagandístico anunciava?

Levanto duas hipóteses: alguns voltam para casa cheios de decepção e de rancor. Não descansaram. Sua tentativa de fugir de seu triste mundo do dia a dia não deu certo. Continuam a procurar sua infelicidade indesejada na rotina desconsoladora do cotidiano. Outros procuram pintar suas férias com as cores mais coloridas. Mostram a seus amigos fotografias ou vídeos de suas férias para despertar a admiração pelo que ousaram e fizeram. Precisam driblar a mediocridade de suas férias, apresentando tudo como algo especial e fora do comum. Procuram passar a seus ouvintes aquele fascínio que nunca haviam vivido. Nem sempre o conseguem.

Existem também decepções quando as pessoas se fecham em seu próprio mundo. Encontrei soldados que haviam estado na Bósnia. Queriam contar, em casa, para esposa e amigos, os acontecimentos aventureiros de lá. Mas ninguém se interessou em ouvi-los. Uma estudante que ficou um ano inteiro no Peru, para lá cumprir seu ano social no cuidado de crianças excepcionais, teve a amarga experiência de que ninguém se interessou por seu trabalho, que foi às vezes bastante penoso.

Num mundo em que não queremos correr qualquer perigo e que não queremos ser desafiados, ainda que seja pela experiência dos outros, num mundo onde apenas interessa como está o tempo e o que conseguimos adquirir por um preço acessível, ali não se desenvolve o prazer pelo novo e pelo outro. Ali crescem apenas a solidão e o tédio. Ali jamais alcançaremos a meta de nosso desejo.

Desejos das crianças

Saudade da infância – isto não deveríamos ver apenas de forma negativa. "A síndrome de personalidades fortes é que não aceitam os desejos de criança que nelas estão." O que a escritora canadense Lise Bourbeau constatou vem confirmado pela psicologia e pela experiência comum de vida: personalidades fortes, pessoas que agem exteriormente com muita autossegurança, que tiveram êxito no comércio ou na política, nem sempre são as pessoas mais maduras. E muitas vezes não permitiram que aflorassem nelas os desejos da criança ali ocultos. Para o mundo externo parecem fortes, maduras, inteligentes e ponderadas. No entanto, escondem seus lados de sombra. Seu problema: sufocaram a criança interior com seu desejo. Mas com isso falta-lhes originalidade, criatividade, vitalidade, ternura, compreensão da imagem autêntica de Deus, que pode recordar-lhes a criança que está dentro delas. O desejo saudoso é para elas algo infantil que, como adultos, temos de eliminar. Mas essa atitude as torna duras e inacessíveis. Sua síndrome doentia atua como lepra. Não se quer ficar por muito tempo perto de pessoa assim. Dela deflui alguma coisa que nos afasta e repugna. A gente não se sente bem com pessoa desse tipo.

Infantil ou maduro?

Quando perguntamos às pessoas o que elas mais desejam, ouviremos: lar e segurança, amor e ternura, paz e harmonia, pureza e limpidez – o sadio mundo da infância. Em todos esses desejos manifesta-se nada menos do que o desejo do paraíso. Para o psicanalista Sigmund Freud, este desejo do paraíso é tão só uma forma de regressão infantil: o desejo do colo materno. A psicanálise acha que a pessoa só amadurece quando abandona seus desejos. Isto não é bem verdade. Evidentemente existem sonhos infantis. E evidentemente não deveríamos confundir o paraíso com o País das Maravilhas, no qual estamos livres para sempre de preocupações. Essa postura rígida que Freud coloca como critério para a maturidade não me atrai. Só é realmente madura a pessoa que se dá por satisfeita com a vida assim como ela é, sem maiores esperanças e desejos? Não há um céu acima de nós? Tudo é mera projeção? Para quem vive assim, a vida torna-se um cativeiro neste mundo que respira o ar da resignação.

Naturalmente, existe também um desejo no qual a pessoa se refugia para escapar da realidade. Mas, para mim, o desejo mantém a pessoa viva. Se é um desejo vivificador ou recalcante, isto se perceberá no efeito que exerce sobre o indivíduo e sobre a sociedade.

A dupla face dessa emoção faz-se perceptível não só no indivíduo, mas também na sociedade. A pesquisadora de opinião Elisabeth Noelle-Neumann disse certa vez que “o desejo de segurança é um perigo constante para a democracia”. Quer dizer que existe um desejo infantil de segurança que espera que o Estado se constitua num grande “superego”. Mas o Estado democrático não pode oferecer essa segurança. Por isso as pessoas exigem demais do Estado se colocam nele exclusivamente todo seu desejo de segurança. Mas se reprimem seu desejo de um lar, então o clima na sociedade ficará frio e inumano.

Faz parte da natureza humana desejar ter seu lar. Mesmo a geração agitada e sem sossego que em noventa segundos navega pela internet ao redor do mundo está "à procura de sentido, amparo e segurança", afirma o estudioso do lazer Horst Opachowski. Trata-se sempre da capacidade de distinguir entre os sentimentos que formam e promovem nossa vida e os sonhos imaturos, infantis e perigosos.

Passado e saudade

O escritor Arnold Stadler publicou um romance do qual ele mesmo disse se tratar de um livro que "foi escrito ao longo de seu desejo como numa enfiada". O livro tem o título *Sehnsucht*. O desejo, na verdade, não tem nada planejado, mas atrai a pessoa às vezes para cá, outras vezes para lá, uma vez para o passado, outra, para o futuro. Stadler fala da infância, recorda as descobertas da puberdade, as primeiras experiências com a sexualidade e outras experiências, como "a da primeira vez", mas, na verdade, fala sempre de novo do encontro de um tempo perdido, de uma possibilidade que não volta mais. "O futuro era naquela época o meu sonho, como é hoje o passado a minha saudade." O escritor constata e descreve as perdas que o tempo e os pretensos progressos trouxeram consigo. Esse sentimento culmina para ele na observação de que neste meio tempo muitas palavras e muitos valores se desvaneceram. A história que ele conta, conforme diz, nasceu numa época "em que a esperança estava separada da brincadeira; o desejo, do âmbito-*wellness*; a pessoa, do consumidor; o anseio, do *fit for fun*; a existência do morar bem – mas não comigo". Ele permaneceu fiel a si e a seu desejo – de que "meu desejo de tudo o que tinha e via não era possível".

Nesta nossa sociedade de consumo estão disponíveis atualmente praticamente sempre e em todos os lugares os mais diversos itens de consumo. O indiscutível direito de satisfação de todos os nossos desejos é parte integrante de nosso comércio. Mas também em nossa sociedade de consumo, segundo Stadler, o desejo não é assassinado. Um lugar para onde teria se deslocado o desejo hoje seria a necessidade de contatos. Isto revelaria o desejo de amor, de reconhecimento, de ser notado. Mesmo na autopromoção exagerada e ridícula – no "desejo de ser querido por todos, de querer tudo, do *all-inclusive*" –, o autor desse romance vê o desejo de amor e de proteção dessas pessoas. Arnold Stadler não mistifica seus personagens, mas apresenta-os também com seus lados cômicos e trágicos. Ele, que estudou teologia, disse certa vez que procedia também teologicamente como autor, pois tratava com carinho e compaixão os personagens de seu romance.

Quem é compassivo não precisa condenar nada. E também não precisa mistificar nada. Nem o desejo que se perdeu, nem o desejo que se desviou do caminho certo.

Nostalgia

Onde encontramos o lar? E quando o procuramos? A experiência mostra que os sentimentos pelo lar surgem mais intensamente quando estamos longe de casa. "Quando começamos a pensar no lar é porque já estamos longe dele", isto falou o produtor cinematográfico Edgar Reitz, que fez uma série de filmes muito famosa sobre o *Hunsrück – Sobre terra e gente*, cujo "pequeno mundo" ele, como jovem, já havia abandonado em busca da cidade grande. Nesse filme foi apresentado o lugar de origem de onde muita gente proveio e que deixou para trás, mas para onde gostaria de voltar. Seu filme foi uma reabilitação do conceito de lar, uma palavra que por longo tempo teve um ressaibo de terra e sangue.

O cantor popular Herbert Grönemeyer entende, por sua vez, o lar não como um lugar geograficamente determinado. Em uma de suas canções, fala: "Lar não é lugar, lar é sentimento". É o sentimento de ser bem aceito, de estar em casa, de poder descansar, de ser como se é.

"Lar são as pessoas que nós entendemos e que nos entendem." Foi isto o que falou o autor suíço Max Frisch. O lar é onde encontro as pessoas que eu compreendo e pelas quais me sinto compreendido.

O lar tem sempre a ver com as experiências da infância. Ali não se precisava produzir nada. Ali a gente era simplesmente bem-vindo(a). Muitos têm saudades do lar que viveram no tempo de criança. Mas, quando visitam a cidade de sua infância, percebem logo que não é mais seu lar. E inclusive a casa de seus pais não mais lhes oferece muitas vezes um lar.

"Estar em casa só se pode onde mora o mistério." Só quando estiver em contato com o mistério, que marcou minha infância, eu me sentirei em casa. Mas o lar não é apenas o lugar onde passamos nossa infância. Ele aponta também para o futuro, para a pátria que nos espera. Em última análise, vale o que Paulo escreve aos filipenses: "Nós somos cidadãos do céu" (Fl 3,20). Essa visão abrange a vida toda. O escritor Heinrich Jung-Stilling vê uma íntima conexão entre a pátria da qual somos originários e aquela para a qual nos dirigimos: "As duas coisas mais belas são a pátria da qual proviemos e a pátria para a qual nos dirigimos". Para aquele que perdeu inclusive o desejo, Hermann Hesse diz que encontrará consolo na pátria: "Também a fonte dos sonhos secou. Mas confia! No fim de teu caminho haverá uma pátria". O desejo de pátria não está voltado para trás, ele nos mantém vivos em nosso caminho. Tal caminho nos leva muitas vezes para o desconhecido, para uma terra estranha em que precisamos nos afirmar. No país estrangeiro temos saudade da pátria. Sabemos que não podemos ficar sempre em casa. Senão viramos aqueles caseiros sem horizontes de vida. Só quem se arrisca a sair para o mundo estranho sente saudades da pátria e do lar. Tem saudades do lar que perdeu. Sua tarefa consiste em constituir um lar em meio ao desconhecido, construir um ambiente em que as pessoas se sintam em casa. Onde há amor, lá nasce o lar.

Insatisfação e inquietação

Mau humor como expressão da profunda insatisfação consigo e com sua vida leva a constante inquietação e perambulação sem destino. Não se anda para chegar a algum lugar, mas vaga-se sem rumo. Nem se percebe o caminho. Foge-se apenas de si mesmo(a). Tanto o espírito quanto o corpo são instáveis. Não há meio. Não consegue ficar parado(a); não encontra apoio. Trata-se de insegurança interior. Não se encontra fundamento sobre o qual repousar. É uma inquietação doentia. Muitas vezes é indício de depressão.

A instabilidade manifestou-se num tagarelar constante e na curiosidade. A tagarelice é a morte da conversação. Em muitos *talkshows*, podemos testemunhar a tagarelice nua e crua. Fala-se muito, mas não se desenvolve uma conversa, pois ninguém escuta com atenção. Constantemente o assunto é trocado. Não há verdadeira comunicação com a outra pessoa. Ela só é usada para que alguém possa aparecer e brilhar. A conversa gira em torno de futilidades. O psicólogo Wucherer-Huldenfeld chama essa tendência de "uma decadência profunda da conversação". A pessoa "sente seu interior como vazio, insensível e taciturno; não tem nada de importante a dizer e esconde este fato pela tagarelice sempre mais alardeante". A tagarelice dá a impressão de um conhecimento de tudo e do mais alto interesse por tudo, contudo é vazia.

Martin Heidegger descreveu, de maneira muito apropriada, a curiosidade em seu famoso livro *Ser e tempo*, de 1927. Caracteriza-a como "uma impermanência específica junto ao que está mais próximo", como "possibilidade contínua de dispersão". A curiosidade "busca apenas o novo a fim de, por ele renovada, correr para uma outra novidade. Esse acurar em ver não trata de apreender e nem de ser e estar na verdade através do saber", mas de saltar de cá para lá. Mas, no fundo, tudo é indiferente. Nada me importa realmente.

O suplício de Tântalo

O filósofo e escritor existencialista francês, Albert Camus, escreveu um livro sobre o homem na revolução. Nele fala do sofrimento estranho de muitas pessoas. Consiste em que elas não possuem satisfatoriamente este mundo. Camus designa essas pessoas como "cidadãos esquisitos do mundo, exilados em sua própria pátria. Com exceção de momentos radiosos de completude, toda e qualquer realidade é para elas imperfeita. Suas ações perdem-se em outras ações, voltam com observação inesperada para serem ajustadas, correm como a água de Tântalo para uma foz desconhecida. Conhecer a foz, dominar o curso do rio, tomar nas mãos a vida como destino, este é seu verdadeiro desejo". O ser humano gostaria de desfrutar da beleza deste mundo em sua plenitude. Gostaria de pegar com as duas mãos os tesouros deste mundo. Mas tão logo os toca, percebe que o mundo recua. Camus serve-se da narrativa da mitologia grega, em que Tântalo, mergulhado em água límpida e fresca, assim que aproxima a boca para beber, a água vai embora. Árvores repletas de frutos saborosos pendem sobre sua cabeça; faminto, ele estende as mãos para apanhá-los, mas os ramos bruscamente se erguem. Nada consegue.

É desse modo que muitas pessoas sentem este mundo. Querem desfrutar do prazer da vida. Mas assim que tratam de agarrá-lo, ele se esvai. Assim deseja o ser humano dirigir o curso do rio para poder beber quando quiser, a fim de acalmar a sede mais profunda de sua alma. Deseja também tomar nas mãos sua vida. Mas esse desejo – assim acredita Camus – nunca será satisfeito. Só no momento transitório da morte ele se realiza por um instante: "Ali tudo se consuma. Para estar uma vez no mundo, é preciso renunciar ao ser para sempre". O que o filósofo ateu Albert Camus sentencia aqui, Jesus já o disse há dois mil anos. Mas Jesus não nos consola pelo fato de nosso desejo só se realizar plenamente na morte. Para Jesus, já morremos agora para o mundo. Se acreditarmos nele, já passamos agora da morte para a vida (cf. Jo 5,24). Se abandonarmos nossa identificação com o mundo – e isto significa morrer para o mundo – já poderemos pressentir agora algo daquela plenitude que desejamos. Mas não podemos deter esta plenitude. Ela está ali no momento em que nos esquecemos de tudo, em que nos confiamos totalmente ao que se nos oferece. Este confiar pleno, sem segundas intenções, Jesus o entende por "morte".

Só quem mergulha nesse morrer vai vivenciar sempre de novo momentos em que seu desejo se realiza – já agora. Mas não será satisfeito para sempre. Essa realização provisória desperta em nós o desejo do definitivo que virá se nós nos confiarmos para sempre nas mãos de Deus e não ficarmos presos a nós mesmos(as).

Desejos esquecidos

Não é só com a mudança das relações políticas e sociais, mas também com nossa idade, que se alteram os nossos desejos. Ernst Bloch que, como poucos, aprofundou este tema, também abordou o desejo de pessoas mais velhas e descreveu uma forma bem específica: "Um último desejo perpassa todos os desejos da velhice, um desejo que é muitas vezes de repouso". Não é na verdade muitas vezes um repouso interior, uma harmonia consigo mesmos(as), que todas as pessoas desejam, mas repouso como comodidade. A pessoa não quer ser perturbada. Por isso não tenta nada de novo. Isto vale para coisas grandes e pequenas. Pessoas idosas não gostariam mais de dormir em cama estranha. Precisam do que lhes é familiar. Já abandonaram os desejos da juventude. Naquela época não foram satisfeitos. Hoje até que poderiam ser satisfeitos financeiramente. Mas, como diz Bloch: "A fome por isso tornou-se descolorida". Quando a gente mesmo esquece a fome pelos desejos, então só existe aquilo que é. Mas também com o costumeiro a gente muitas vezes não fica satisfeito. Na velhice preferimos arranjar-nos com aquilo que não nos satisfaz do que aventurar-nos no novo. Poderia, quem sabe, ficar pior. Torna o idoso insatisfeito ainda mais ranzinza ter de enveredar pelo novo.

Mas existe também o idoso sábio. Nele os desejos se transformaram. Deseja tranquilidade, paz interior na qual se abre para o mistério do ser. C.G. Jung escreve a uma pessoa que insistia em querer falar com ele que sua necessidade de comunicação diminuía dia após dia: "O falar torna-se para mim muitas vezes uma tortura e preciso, às vezes, de um silêncio de muitos dias para recuperar-me da futilidade das palavras. Estou prestes a partir e só olho para trás quando não há outra coisa a fazer. Esta partida já é em si uma grande aventura, mas nada sobre o que se pudesse discorrer minuciosamente". Fica claro nessas palavras que Jung não recusa o diálogo por medo do novo, mas porque deseja outra coisa: apreender o mistério da vida que se lhe abre agora, uma vez que está perto de morrer. Quer abrir-se no silêncio para o Deus que lhe satisfaz o desejo mais profundo.

Entre ganância e liberdade

Para muitas pessoas, o dinheiro está ligado ao desejo de liberdade, à possibilidade de adquirir coisas e exercer influência. Parece o meio mais adequado para esses objetivos. Quem possui dinheiro pode realizar alguma coisa, "é alguém". Isto desejam muitas pessoas. A ganância de dinheiro – a fixação, pois, neste meio – é a variante viciosa desse desejo. Quem só visa ao dinheiro e só vive para sua própria riqueza torna-se escravo e fica limitado – ainda que atrás dos muros de sua fortuna. Há uma frase que diz: "O dinheiro é um metal que é bom condutor, mas também isolante".

Confunde-se muitas vezes o meio com o fim. "O dinheiro é um bom empregado, mas um péssimo patrão", diz um ditado popular. Muitas vezes o dinheiro se arvora em patrão. Deveríamos perguntar-nos sempre de novo: o dinheiro traz realmente essas múltiplas possibilidades de vida, traz realmente a liberdade, ou será que não leva exatamente para a dependência e para a escravidão? É sabedoria de vida que o dinheiro não traz necessariamente felicidade. Pesquisas mostraram que as pessoas em países mais pobres são geralmente mais felizes do que as pessoas de países ricos. Na Alemanha mostram as pesquisas que, apesar de ter aumentado muito o bem-estar material nos últimos dez anos, a satisfação das pessoas não aumentou. Enfim, permanece sempre a questão se entendemos o dinheiro como meio para alguma outra coisa. E como lidamos com este meio.

Como celeireiro, isto é, como administrador e responsável econômico de uma abadia beneditina, tenho de lidar diariamente com dinheiro. Sou obrigado a desenvolver imaginação e criatividade no trato com o dinheiro, em primeiro lugar para consegui-lo, e depois para empregá-lo bem. Fiz várias vezes a experiência de não haver dinheiro para financiar projetos que eu julgava importantes. Desenvolver a imaginação nesse contexto significa, para mim, por um lado, ganhar dinheiro por meio de uma produção que responda às necessidades de hoje. Por outro, significa utilizar os instrumentos da economia financeira atual, isto é, ganhar dinheiro usando a cabeça.

A principal finalidade do dinheiro é servir às pessoas. Não ganho dinheiro para enriquecer. O dinheiro deve estar a serviço das pessoas, e não vice-versa. Em algumas empresas as pessoas têm de trabalhar sob pressão e são exauridas para renderem o máximo de dinheiro possível. Para mim, isto é uma perversão do dinheiro. Quem lida com o dinheiro com imaginação pode, às vezes, contornar um período de vacas magras na empresa, sem demitir logo a metade dos funcionários e só readmiti-los quando a situação melhorar.

Não posso deixar-me determinar pelo dinheiro. Não posso tornar-me ganancioso. Essencial é a liberdade interior. O dinheiro pode apresentar também uma dinâmica própria, que tem como consequência o fato de a gente precisar ganhar sempre mais. Quando falo de liberdade, isto significa em primeiro lugar sempre a liberdade interior: eu lido com dinheiro, mas não fico pensando constantemente nisto. Eu consigo deixar o dinheiro de lado. Posso até mesmo perder dinheiro. Mas isto não deve determinar-me interiormente. Para mim pessoalmente é sempre um critério importante se também na meditação penso no dinheiro. Sei então que devo distanciar-me interiormente dele. São Bento exige do celeireiro antes de tudo a justa medida. Não deve ser avarento, nem asbanjador. Isto significa: não posso fazer com o dinheiro o que bem entender. Devo colocar limites a mim mesmo. Se eu quiser crescer financeiramente sempre mais, perderei algum dia a medida. E com isso também a liberdade. Isto vale evidentemente não só para um celeireiro.

> I CAN'T GET NO SATISFACTION
>
> I can't get no satisfaction. I can't get no satisfaction / Cause I try and I try and I try and I try I can't get no, I can't get no / When I'm drivin'in my car, and the man come on the radio / He's tellin'me more and more about some useless information / Supposed to fire my imagination...

Assim começa uma música dos Rolling Stones, que ficou conhecida no mundo inteiro. É expressão de um indômito e constante desejo de vida, uma verdadeira fome de autenticidade e realização. Os Rolling Stones nunca foram exemplo de religiosidade. Mas expressam nessa música algo muito essencial.

O que essa canção trouxe à baila em milhões de pessoas foi a experiência de que nada pode trazer verdadeira satisfação, nem as promessas a nosso respeito, nem a busca de sucesso, de relacionamentos, de dinheiro ou de aplauso. Tudo isso se pode experimentar e ter alegria nisto. Mas viver disso não se pode. Não realiza o nosso desejo. Quem acha que pode viver do sucesso e do aplauso e só procura essa satisfação fica viciado nisso e perde, assim, sua liberdade interior.

Bill Wyman, o contrabaixista dos Rolling Stones, que na época em que deu uma entrevista a um repórter alemão tinha mais de sessenta e seis anos, disse que a vida de um astro do rock não é tão fascinante como muitos imaginam: "A gente nunca está deveras em casa, a gente vive como um peixe dourado em seu aquário, há muito álcool e muita droga. Isto estraga a alma" (cf. *Süddeutsche Zeitung*, DE 15.11.2002).

A alma precisa de outra coisa. O vício não traz felicidade, mas causa dependência destruidora. Também um cantor famoso, que é aplaudido freneticamente pelo público, pode sentir-se só e miserável quando está sozinho em seu quarto de hotel. Sente então que não pode viver de sucesso.

Todos precisamos de outra coisa que não é passageira como o aplauso. Cada pessoa precisa da riqueza de seu interior: uma paz interior, uma noção de sua dignidade, uma sensação de liberdade absoluta e de segurança. Não é na distância na qual ela se refugia, não é nas luzes da ribalta com as quais muitas pessoas sonham, mas dentro dela mesma que está aquilo que deseja ardentemente: autenticidade, segurança, amor, liberdade, dignidade, vida, verdade, clareza e luz.

Puxado eternamente de cá para lá

"Não quero chegar às minhas metas dos desejos. Acho maravilhoso desejar alguma coisa que jamais poderei alcançar. O desejo morre no limiar da realização." Udo Jürgens falou isso numa entrevista ao jornal alemão *Süddeutsche Zeitung*. O astro do rock tinha nesta época em torno de setenta anos, já havia vendido mais de setenta milhões de discos e era um cantor e compositor popular famoso, com mais de seiscentas músicas de sua autoria, muitas delas sobre os temas do amor e das emoções.

Parece surpreendente. Algumas pessoas se queixam de que o desejo as faz doentes porque nunca é realizado. Udo Jürgens considera venturoso exatamente o fato de o desejo não se realizar. O desejo nos impulsiona a continuar procurando, a colocar-nos sempre de novo a caminho. O desejo nos mantém vivos. Alarga o coração. É a fonte da criatividade. Certamente, o desejo daquilo que nunca se pode alcançar foi para este cantor e compositor popular uma fonte de inspiração de suas canções. E talvez tenha sido este mesmo desejo que atingiu e interessou tanta gente.

"Minha alma está dividida em duas", disse ele ao repórter ao falar da tensão interior de sua vida e menciona uma canção que ele mesmo compôs. Nesta canção expressa a maneira como leva e entende sua vida:

> Puxado eternamente de cá para lá, entre desejo
> e consciência –

Aqui, o que sinto – lá, o que sei –

A perigo de me machucar nas próprias contradições –

Aqui frio demais e lá quente demais[3].

A tensão entre conhecimento e sentimento mantém viva a pessoa. Mas também pode dilacerá-la e deixá-la arruinar-se nas contradições. A arte da vida consiste evidentemente no equilíbrio correto entre conhecimento e desejo.

Nós precisamos das duas coisas: o conhecimento e o desejo. Quem só vive em seu desejo pode sair-se mal. Quem só vive no conhecimento, para ele tudo se torna frio.

Precisamos do desejo, para que entre calor no mundo frio de nosso conhecimento.

Sujo e limpo

Percebemos inclusive no nosso corpo que alguma experiência mais profunda atua sobre nós. Quando chegamos em casa suados e cansados, desejamos tomar um banho refrescante. Depois, sentimo-nos limpos, purificados não só da sujeira exterior, mas também de toda impureza interior que se acumulou em nós por causa dos conflitos do dia. Essa sensação de estar limpo desperta em nós o desejo de verdadeira pureza. É abrangente e ultrapassa em muito a experiência apenas corporal. Não é à toa que falamos em sentido crítico de "roupa suja para lavar". É a sujeira pública, a lama da

3. Em alemão: Ewig hin-und hergerissen, zwischen Sehnsucht und Gewissen – / Hier, was ich fühle – da, was ich weiss – / In Gefahr, mich zu verletzen, an den eignen Gegensätzen – / Hier viel zu kalt und da viel zu heiss.

imoralidade. Precisamente numa época em que podemos ler diariamente sobre escândalos, a opinião pública é abalada por falsificação de balanços e escândalos de corrupção, desejamos integridade e limpeza. Temos a nítida e profunda sensação de que deveríamos viver de outro modo. Desejamos pessoas que sejam transparentes, leais, que executem suas tarefas com consciência limpa, sem segundas intenções e sem querer o enriquecimento ilícito. Dizemos que a sujeira é contagiosa. Rapidamente somos arrastados para dentro da sujeira que nos vem de fora. Deixamo-nos infectar pelas emoções das outras pessoas. Isto já se manifesta em coisas banais e no dia a dia. Assim que ouvimos alguém falar mal do vizinho ou do colega de trabalho, metemos a colher no meio com nossas emoções confusas. E lá se mistura a amargura alheia com nossa própria. A consequência: sentimo-nos sujos. Muitas vezes só percebemos depois como isso nos faz mal. As emoções das outras pessoas e as nossas depositam-se sobre nós qual camada de pó.

Numa situação dessas, desejamos pureza interior e exterior. Os monges primitivos falavam da pureza do coração. Este era seu objetivo. Eles conheciam o desejo de um amor puro, que não se misturava com pretensões de posse; de bondade pura, que não era calculista; de amizade pura, que não cobrava nada. Quem consegue ter um coração puro vê a outra pessoa como ela é, sem projetar sobre ela seus próprios lados de sombra. Ela percebe as coisas como são, sem nelas misturar suas segundas intenções. "Para os puros tudo é puro", assim lemos na Bíblia (Epístola a Tito 1,15). Desejamos um coração puro, que percebe em cada pessoa o desejo da pureza. Sua pureza se irradia e torna também puro seu meio ambiente.

Liberdade que se transforma em prisão

O psicólogo e escritor de espiritualidade Anthony de Mello diz que o desejo pode transformar-se em prisão: "Até mesmo o desejo de liberdade é uma prisão. Não é realmente livre quem se preocupa com sua liberdade. Só os satisfeitos são livres".

Trata-se sempre da medida certa. Se eu ficar sempre girando apenas em torno do meu desejo de liberdade, então o desejo vai virar preocupação. E se eu me preocupar com minha liberdade, já não sou livre. Serei livre só quando disser sim a mim mesmo(a). É importante que eu me reconcilie comigo assim como sou.

O verdadeiro desejo leva à reconciliação – também com minha fragilidade e limitação. O desejo restritivo e aprisionador, pelo contrário, passa por cima de minha realidade atual. Ele a rejeita. Só se dá por satisfeito quando o desejo for realizado. Mas não percebe que já se possui tudo isso agora neste momento, bastando estar em sintonia consigo mesmo e com Deus.

O desejo a que os antigos se referiam não se afasta da experiência da união, mas lhe dá a expectativa interior. Ele mantém viva a unidade e a preserva de virar uma mistura informe em que tudo se dilui.

III

Tocado no mais íntimo

A qualidade mais honesta

"Descobri em minha vida que o desejo é a única qualidade honesta do ser humano." Isto disse o filósofo Ernst Bloch numa entrevista por ocasião de seu aniversário de noventa anos. Ele tem razão. Em tudo pode o ser humano mentir. Podemos apresentar em público todas as virtudes, mas com fingimento. Em tudo pode imiscuir-se algo inautêntico e falso. O amor pode não ser autêntico. A cortesia pode ser forçada. A ajuda pode provir de motivos egoístas. Basta examinar uma vez com toda honestidade nossas atitudes: nossa justiça pode estar misturada com crueldade; nossa dedicação ao próximo, com pretensão de bens materiais; nossa ajuda, com interesses de poder. Só uma coisa não conseguimos falsificar: o desejo. Pois um desejo não é possível de a pessoa manipular. A pessoa humana é seu desejo. O desejo é realmente a qualidade mais honesta em todas as pessoas: ele simplesmente existe e está aí. Ele agita o nosso coração, quer queiramos ou não. Sempre que uma pessoa tem um desejo, entra em contato com seu coração. Eu posso dirigir meu desejo a objetivos imediatos, como, por exemplo, ganhar na loteria, ou que meu time de futebol vença o jogo. Mas também nesses desejos ressoa sempre o desejo por algo mais, o desejo pelo êxito da vida, o desejo de felicidade. Para Agostinho, está presente em cada desejo o desejo pela perfeição do absoluto. E este desejo é, pois, a confissão sincera de que eu, assim como sou, ainda não cheguei à meta; de que o mundo, assim como está, continua em evolução, de que o verdadeiro ainda está por vir.

O desejo não é apenas o sentimento mais honesto. Pode também ajudar toda a vida a se tornar honesta. Conheço pessoas que precisam pintar com as mais belas cores tudo o que fazem. Quando falam das férias, a viagem foi fantástica. Quando fizeram um curso qualquer, foi a experiência mais profunda que já tiveram. Às vezes tenho a impressão de que precisam mergulhar tudo em luz tão rósea para esconder sua decepção. Pois na verdade sua vida é medíocre. Nas férias, houve vários desentendimentos entre o casal. Mas para fora é preciso calar sobre isso. É preciso provar a si mesmo(a) que tudo o que se fez está correto. Mas atrás da fachada a aparência é bem outra. O desejo faz com que eu encare honestamente a minha vida. Não preciso exagerar. Não preciso provar às outras pessoas que minhas experiências são profundas e que dei passos gigantescos de progresso em meu caminho interior. Aceito-me como sou: mediano, mas também à procura, com sucessos e fracassos, sensível e insensível, espiritual mas ao mesmo tempo superficial. Posso olhar minha vida como ela é. Pois meu desejo vai além desta vida. No desejo, eu não manipulo. O desejo está simplesmente aí. E lá onde há desejo há verdadeira vida. Só lá onde me posiciono diante de meu desejo, estou no rastro da vida, descubro minha própria vitalidade. E no rastro de sempre maior vitalidade supero minha estreita limitação.

Embaixo da superfície

Julgamos as pessoas na maioria das vezes por aquilo que conseguiram. Perguntamos até que ponto já chegaram em sua carreira profissional, quantos estudos já fizeram, quantos bens possuem. Mas esta é apenas a superfície de uma pessoa. O escritor árabe Khalil Gibran propõe outra perspectiva: “Para entender o coração e a mente de outra pessoa, não olho para o que ela conseguiu, mas para o que ela deseja”. Khalil Gibran diz com clareza intuitiva: só considerando o desejo da pessoa podemos entender realmente seu coração e sua mente. Parece evidente que o desejo permite um olhar para dentro do coração da pessoa. Os bens materiais falseiam muitas vezes o coração. Pessoas que chegaram a diretores em sua carreira profissional escondem de nós muitas vezes o que as move interiormente. Baseiam seu agir exclusivamente na racionalidade, e seu comportamento para com as outras pessoas na autofirmeza. Em seu relacionamento com a realidade valorizam muito o princípio da objetividade. Não sabemos realmente o que se passa no coração de tal pessoa. Mas quem só deseja possuir terá um coração sempre inquieto e insatisfeito. Quem só deseja o sucesso, seu coração vai esfriar. Mas quem deseja a autenticidade, o amor, a justiça e a bondade, o coração dele estará vivo.

Isto tudo parece óbvio. O que nos surpreende é que Khalil Gibran vai mais longe e diz que só entendemos a mente de uma pessoa quando consideramos os seus desejos. Sempre nos disseram que mente e desejo eram opostos. Mas na opinião do poeta é possível concluir para a qualidade da mente conforme se observa no desejo. Quem só está voltado para a satisfação de necessidades e ganhos de curto prazo, possui uma mente muito limitada. Pode ter um alto quociente de inteligência, mas a mente está subdesenvolvida. Mente verdadeira só possui a pessoa que dirige seu olhar para bens que podem realmente satisfazer o desejo. Em última análise, só podem satisfazer nosso desejo os bens que apontam e se estendem para além deste mundo. Quem deseja o amor, não deseja apenas uma pessoa concreta que o(a) ame e que ele(a) possa amar. Em última instância, está no desejo de amor o pressentimento de um amor eterno, que é mais do que amar e ser amado. É o desejo de *ser* amor. Quem *é* amor participa da realidade do absoluto. O mesmo acontece com a beleza. A pessoa que deseja a beleza quer, no fim das contas, esquecer a si mesma na contemplação da beleza, participar da beleza, *ser* ela mesma beleza.

Isto vale para todas as boas qualidades: para a justiça, a verdade, a bondade, a misericórdia, a sabedoria. Todas essas atitudes são abertura para uma realidade *interminável*, infinita. E elas nos conduzem a ela, por sobre toda a nossa limitação. É verdadeiramente sábio quem deseja essa realidade maior. A mente dele(a) enxerga através de tudo que está no primeiro plano e só assim tem em conta a total realidade.

Realmente tua propriedade?

"Não é pobre quem pouco deseja, mas aquele que deseja ter sempre mais." Quando, há alguns anos, as cotações das bolsas de valores despencaram, um perito do pregão da bolsa quis consolar pela televisão os espectadores, cujas contas de investimentos haviam emagrecido, com esta frase acima, tirada da antiga sabedoria chinesa. Essa afirmação de um filósofo, feita há mais de dois mil anos, no contexto de uma cultura bem diferente, tem na verdade muito a ver com o nosso momento atual, pois ela parte do conhecimento do coração humano. Também hoje em dia muitas pessoas desejam posses. Acham que quando tiverem posses suficientes poderão finalmente ficar descansadas. A posse tem uma sedução peculiar. Assim que possuo o desejado, muitas vezes, já após pouco tempo, não quero mais usufruí-lo. Tornou-se banal. E então gostaria de ter mais. Aquilo que já possuo, eu também já o perdi. Perdeu para mim o seu encanto.

Ao contrário da posse, o desejo parece não ser nada de sólido. E no entanto é válido: "Só o que desejamos é nossa propriedade. O que possuímos já o perdemos". Alfred von Harnack tem razão ao afirmar isto: o que eu desejo, isto está em meu coração. Pertence-me totalmente e não me pode ser tirado.

Nenhuma pessoa cobiçosa, nenhuma enchente, nenhum incêndio podem destruir aquilo que eu desejo.

Fica no meu coração.

É minha verdadeira e real propriedade.

Um paradoxo

A palavra alemã vincula *Sehnsucht* (desejo) com *Sucht* (vício), doença e dor. Wilhelm Raabe vê o desejo de outro modo: "O coração da pessoa está mais feliz quando seus desejos vão bem".

Mas quando é que ela está desejando exatamente?

Que experiência terá levado o poeta a esta conclusão?

Naturalmente a pessoa que deseja não é feliz no sentido da felicidade daquela que experimenta a realização. Ela possui tudo de que precisa para a vida. Não pode acomodar-se satisfeita.

E, no entanto, a pessoa que deseja possui tudo de que precisa. Mesmo na maior penúria, tem em si o desejo daquilo que satisfaz sua alma no mais profundo de seu ser. No desejo ela passa além do momento atual, quer traga ele satisfação ou decepção.

É realmente correto: a pessoa que deseja torna-se mais independente dos acontecimentos diários. Se o dia foi bom ou não, se a visita esperada chegou ou não, se os encontros foram felizes ou dolorosos, o desejo não é afetado por isso.

O desejo participa do paradoxo do amor. A pessoa que ama sente-se doente de amor e, no entanto, não poderia ser mais feliz. Enquanto deseja a pessoa amada, sente a felicidade do amor. Assim acontece com o desejo: também ele proporciona uma experiência própria de felicidade. É a felicidade que vem a nós, que nos espera.

E esta felicidade que esperamos já está em nós pelo desejo. É indestrutível precisamente por ainda não estar presente e porque, em última instância, só a receberemos plenamente em Deus. Os Padres da Igreja falavam de uma alegria indestrutível, que não nos pode ser tirada nem mesmo pela doença ou pela desgraça.

Pelo desejo, vive em nós algo daquela alegria indestrutível.

Feliz causa primeira da alma

Algumas pessoas acham que a tarefa da psicologia é tirar a pessoa de seu desejo e trazê-la para a realidade. O Focusing-terapeuta Klaus Renn apresenta outro caminho. Vê no desejo um caminho para a plenitude da vida de uma pessoa. Escreve assim: “Se você seguir de certa forma o desejo no seu agir cotidiano, você encontrará o rastro de sua plenitude de vida. Como por si mesma, ela se une a suas fontes de energia. E em seu processo pessoal profundo surgem por si sós novas concepções e imagens de você mesmo, que são salutares e acarretam energia. O íntimo deseja simplesmente ter alegria, satisfação, prazer... que passe o verdadeiro luto... que se manifeste a autêntica raiva... e que haja em tudo um sentido profundo... E por baixo/atrás disso tudo aguarda em seu íntimo uma alegria – simplesmente assim –, uma feliz causa primeira".

Quando se entende, a exemplo de Klaus Renn, o desejo como caminho para a feliz causa primeira da alma, isto não significa fuga da realidade, pois este caminho não nos desvia de nosso cotidiano, mas nos conduz através dele. Quando fizermos com consciência a nossa atividade diária, descobriremos o desejo que está por trás de tudo o que dizemos, pensamos e fazemos. Ele nos liberta da fixação sobre o aparente e nos permite olhar mais profundamente em nossa alma. Nele entramos em contato com as fontes interiores de energia. Ele nos conduz à nossa própria interioridade. E lá no interior – os místicos falam de "chão da alma" – encontramos nosso desejo de alegria, de sentimentos puros. A alma deseja o originário, não adulterado, autêntico, aquilo que ainda não foi encoberto pelo convencional, deturpado pelas expectativas próprias ou dos outros.

Este é de fato um caminho terapêutico. Ele conduz às fontes de energia que borbulham no chão de nossa alma. A fonte mais profunda da qual nos abastecemos é a alegria. Ela está pronta no chão de nossa alma: um feliz chão originário que nos espera na própria profundeza.

Também uma pessoa que é tomada por sentimentos depressivos pode perceber este desejo e escolhê-lo como guia. Não devemos saltar por sobre os nossos sentimentos depressivos, mas também não nos podemos sepultar neles. É precisamente nossa tristeza que clama pelo desejo, que pode nos levar através dele para aquele chão originário no qual nos aguardam alegria, paz, amor, vitalidade e liberdade.

Cada sentimento que seguimos até o fundo coloca-nos em contato com o desejo do feliz chão originário. Cada emoção que percebemos conscientemente em nosso ser coloca-nos em movimento. Se nos deixarmos movimentar, chegaremos através de cada emoção ao nosso próprio chão, no qual somos totalmente nós mesmos(as), unos(as) com nossa verdadeira natureza, unos(as) com Deus, o fundamento de toda alegria, com Deus, a feliz causa primeira.

Não exagerar

De nada adianta fugir da realidade de nossa vida e perder-se na irrealidade de um mundo de ilusões. O desejo pode ser deveras uma ajuda para aceitar nossa realidade, para não reprimi-la. Se sentirmos em nós um desejo por alguma coisa de um mundo do além, por um lugar que supera este mundo, então podemos reconciliar-nos com a realidade muitas vezes tão banal de nossa vida, sem que seja necessário enfeitá-la ideologicamente nem bajulá-la. Não ficaremos, então, decepcionados quando a pessoa amada não puder preencher nosso desejo mais profundo de amor absoluto. Não sobrecarregaremos nosso cônjuge com expectativas que pessoa alguma pode satisfazer. Encontro constantemente casos de pessoas que esperam daquele ou daquela a quem amam que o(a) cure, que o(a) salve e liberte e dê à sua vida um sentido pleno. Mas isso são expectativas que nenhuma pessoa pode realizar.

O desejo relativiza nossas expectativas em relação a uma pessoa, de modo a sermos capazes de viver uns com os outros, deixar a outra pessoa ser o que ela é. Não precisamos então absolutizar a pessoa e confundi-la com Deus, ao qual nunca se comparará.

Crescer para dentro da própria imagem

Quando Karl Rahner, na festa de aniversário de seus oitenta anos, em sua cidade natal de Freiburg, após as homenagens todas, pronunciou seu discurso de agradecimento, citou as palavras do filósofo da religião dinamarquês Sören Kierkegaard: "Nostalgicamente saúda-vos quem ele é, e não aquele que poderia ser". Nestas palavras do grande teólogo ressoa tristeza, mas também modéstia. E isso impressionou também os ouvintes. Quem, com oitenta anos, após uma vida incansável, que produziu uma rica e incomum seara, pode confessar que ainda não é quem gostaria de ser, demonstra grandeza interior.

A dualidade interior, todos nós a sentimos. Temos imagem de nós de como gostaríamos de ser. E desejamos tornar reais essas imagens interiores. Gostaríamos de ser serenos, amigos, equilibrados, disciplinados, vivos, livres, abertos. Gostaríamos de ser cheios de amor. Mas percebemos sempre de novo com muito pesar que somos medíocres, puxados de cá para lá entre amor e ódio, entre disciplina e indisciplina, entre amabilidade e mau humor, entre vivacidade e fixidez. Por toda nossa vida desejamos crescer, ser mais maduros, mais satisfeitos, mais ponderados e mais amáveis.

Pode-se pronunciar resignadamente a frase de Kierkegaard. Então o desejo ficaria francamente em perigo de degenerar em autocompaixão. Nós nos afogaríamos na autocompaixão de nunca conseguirmos ser o que realmente gostaríamos de ser. Este desejo não nos levaria muito longe. Seria uma espécie de fuga, de não querermos olhar mais de perto nossa verdade.

Mas pode-se entender também de outro modo as palavras do perquiridor dinamarquês de Deus. Ao desejar ser aquele que poderia ser, volto-me para aquela imagem percebida interiormente. O desejo ensina-me o crescimento interior, para que cresça sempre mais para dentro da imagem que projetei de mim. Contudo, preciso examinar constantemente a imagem que tenho de mim se ela corresponde à minha natureza ou se é uma ilusão através da qual gostaria de fugir da realidade.

A decepção mantém desperto

As decepções fazem parte de nossa vida. Nossa família nos decepciona, nossa profissão nos decepciona. Ficamos decepcionados conosco mesmos. Fizemo-nos ilusões sobre nós e sobre os outros. Nós nos enganamos. Reconhecer isto é duro. Muitos preferem fugir dessa realidade dolorosa. Mas nisso reside um perigo: estarão sempre fugindo de si mesmos(as), nunca chegarão a ter descanso. Se nos posicionarmos diante de nosso desejo, podemos reconciliar-nos com o fato de que nossa profissão não corresponda às nossas expectativas. Estaremos de acordo conosco mesmos(as), com nossos erros e fraquezas. Evidentemente precisamos agradar a nós mesmos(as). Nosso desejo vai além disso. A mais bela profissão por si só não basta para realizar o nosso desejo. O desejo relativiza tudo o que nós aqui fazemos. Com isso nos liberta da obstinada ambição de sempre mais sucesso e reconhecimento. Ele nos liberta da pressão sob a qual nós mesmos(as) às vezes nos colocamos. Percebo em muitas pessoas que elas não estão consigo, mas com os outros, com aquilo que os outros delas esperam. E por que acham que devem satisfazer essas expectativas, colocam-se sob pressão. O desejo nos coloca em contato conosco mesmos(as). Quando eu o sinto, estou em meu coração. Lá as outras pessoas não têm poder sobre mim com suas expectativas. O desejo preserva-me de reagir com resignação às decepções de minha vida. Ao contrário, a decepção mantém desperto o meu desejo.

Em muitas conversas ficou claro para mim outra coisa mais: o desejo autêntico me ajuda também a lidar melhor com as decepções de minha vida. O desejo pelo autêntico e pelo mistério de minha vida é estimulado tanto pela satisfação quanto pela decepção. Quando desfruto de uma boa conversa com um amigo, ela me desperta também o desejo por uma compreensão plena e tornar-se unido. O desejo ajuda-me a perceber a conversa em sua profundidade e deixa-me levar por ela para além de mim. Quando gozo de belas férias, sinto desejo de liberdade absoluta e de vitalidade. O desejo não estraga minhas férias, mas faz com que as viva em suas verdadeiras dimensões e promessa. Já não tenho então medo de, após as férias, cair novamente no buraco. Pois o desejo, que as férias despertaram, continua vivo e atuante em mim. O desejo não é inimigo da realização, mas faculta-me perceber em sua plenitude o amor, a segurança, o encontro, a felicidade. Pelo fato de aquilo que experimento não ser tudo, mas apontar para além de si, para a verdadeira perfeição, posso desfrutar com liberdade e íntima alegria aquilo que é.

Não devo segurar convulsivamente o belo momento atual.

Posso largar novamente o vivido.

Ele me tocou e despertou o desejo em mim.

Isto fica em mim.

Quando tudo se torna demais

Encontro continuamente pessoas que se queixam de que seus semelhantes são muito difíceis. O cônjuge tem pouca compreensão. O colega de trabalho dá nos nervos. A comunidade me decepciona sempre de novo porque é medíocre e banal. Conheço pessoas que vivem numa comunidade e se queixam amargamente de que ela é muito mesquinha. Tudo o que fazem para que a vida comunitária se torne mais animada dá errado. Estão frustradas e amarguradas.

Naturalmente devemos trabalhar para que entre nós surja um clima de compreensão e de bem-querer. Mas às vezes chegamos simplesmente aos nossos limites. Então vem a pergunta se me estresso no limite ou se deixo que o limite fortaleça o meu desejo. Neste último caso, posso reconciliar-me com o limite, não resignadamente, mas sabendo que ele me mantém vivo e me introduz mais profundamente em meu desejo e, assim, leva-me mais próximo de Deus.

Ou estou desiludido com o meu trabalho. Ele é monótono ou me rouba toda energia. Existe tanto trabalho improdutivo e tanta falta de sentido, e eu sinto que sou chamado para outra coisa. Numa situação dessas, fico diante de verdadeira alternativa: posso queixar-me de que as outras pessoas impedem minha felicidade, de que minha situação profissional torna impossível a paz interior; ou posso assumir conscientemente a desilusão, porque ela estimula o meu desejo e me coloca verdadeiramente em contato com ele. Na segunda alternativa, posso olhar sereno para minha vida. Estou livre da fixação em minhas expectativas e perco o medo de que minhas expectativas não sejam realizadas. Não importa o que aflui sobre mim, sinto o desejo em mim. E ele é meu. Ele é minha propriedade. Ele me tira da estreiteza em que os conflitos diários muitas vezes me forçam a entrar. Ele dá asas à minha alma, de modo que eu não fique preso(a) às divergências e desilusões de todo dia.

Totalmente no momento atual

Na prisão Tegel, o teólogo e membro da resistência Dietrich Bonhoeffer refletiu muito sobre o sentido da vida e sobre o mistério do ser humano. Quando tudo lhe foi tirado – seu trabalho, sua liberdade, sua noiva –, foi confrontado com a nua verdade de sua vida. Isso o levou a novas considerações, que ainda hoje desafiam e fecundam a teologia. Em seus apontamentos, que foram publicados sob o título de *Widerstand und Ergebung* (*Resistência e submissão*), escreve: “Não faz parte da natureza do homem, diversamente daquela do imaturo, que o ponto básico de sua vida esteja sempre lá onde ele atualmente se encontra e que o desejo da realização de seus anseios não consiga dissuadi-lo, lá onde se encontra, de ser totalmente o que é”.

Dietrich Bonhoeffer reflete sobre a natureza do ser humano. E reconhece que este concorda no momento atual com seus desejos. Os desejos não o impedem de participar daquilo que lhe parece conveniente. Portanto, o desejo não o arranca de suas análises diárias. Ao contrário, ele lhe possibilita estar totalmente no momento atual e ser totalmente ele, ficar consigo e com sua verdade.

Bonhoeffer conhece evidentemente também um outro desejo, que impede a pessoa de confiar no que foi expressamente solicitado: o desejo como fuga da realidade. Seria um desejo doentio, infantil, querer fugir da realidade, em vez de enfrentá-la ativamente. O desejo sadio leva a pessoa a estar totalmente lá onde atualmente está e começar a agir naquilo que achou ser necessário. No desejo, o ser humano ultrapassa este mundo e o momento atual, mas não para deixar tudo para trás e sim para, a partir dessa perspectiva maior, dar forma a este mundo e assumir responsabilidade por ele.

Harmonia e tensão

Todos sabemos o que é desejar a harmonia. Os conflitos são um peso incômodo. A vida é quase insuportável numa atmosfera de briga e discórdia. Pessoas que em sua infância estavam continuamente em contato com os conflitos entre os pais, como adultos mal conseguem suportar uma desavença. Imediatamente surge em sua consciência a traumática experiência de sua infância. Temem que se lhes tire o chão de sob os pés. Os conflitos são para elas uma ameaça. A fim de sobreviver, fecharam, enquanto crianças, os olhos diante dos conflitos. E este modo de vida acompanha-as também hoje. É compreensível seu desejo de harmonia. Ele lhes possibilita sobreviver. Mas se estas pessoas feridas não se reconciliarem com os conflitos de sua infância, entrarão forçosamente sempre de novo em conflitos que ameaçam a vida. Não devem malbaratar seu desejo para fugir dos conflitos. Como toda atitude, também o desejo tem algo de discrepante. Pode impelir-me a criar ao meu redor uma atmosfera de compreensão e de harmonia. Mas também pode levar-me a sair do caminho de todos os conflitos e varrer para debaixo do tapete todos os problemas. Surge então apenas uma harmonia aparente.

Quem procura harmonia deveria ser estimulado pelo desejo a trabalhar numa boa solução de conflitos. Neste caso, o desejo não será uma bênção só para esta pessoa, mas para todo o seu ambiente.

O desejo é, pois, ambivalente. Pode levar à fuga da realidade. Mas pode também transformar-se no motor que traz para a mesa de negociação pessoas em litígio, para então tratar abertamente dos problemas e procurar um caminho no qual pessoas de diferentes opiniões possam tratar-se com transparência e lealdade, sem adulterar os opostos.

Mas o desejo de harmonia não pode levar a que se negligenciem os opostos dentro da própria alma. Todos nós os temos e sentimos: os opostos de amor e rudeza, desejo de tranquilidade e impulso para fora, introversão e extroversão, atenção aos próprios sentimentos e desprezo pelo corpo, tristeza e alegria, confiança e medo, solidão e comunidade. Esses opostos são muitas vezes tão fortes que dilaceram interiormente a pessoa. Mas podem também produzir vida em abundância. Pois sem tensão não há vida.

É preciso não querer resolver apressadamente a tensão do coração ou sacrificá-la a um desejo de harmonia, mas deixar que dê fruto. Procure, pois, a tensão que a vida e o amor fazem fluir em você, a fim de que saia vida de você para as pessoas ao seu redor.

Freio de mão puxado

O psicólogo e escritor espiritualista Anthony de Mello vê no desejo também um perigo. É possível a gente enfronhar-se de tal modo num desejo que se foge da vida que Deus nos confiou. O desejo sadio faz com que eu diga sim à minha vida, mesmo com sua banalidade e mediocridade. Mas também existe um outro desejo, que nunca está contente e que sempre gostaria de ter mais. Dele diz de Mello: "Muitas pessoas acham que se não tiverem desejos são como pedaço de pau. Na verdade, só perderiam sua tensionalidade. Livram-se de seu medo de falhar, de sua tensão de ter de ser bem-sucedidas, e em breve serão elas mesmas – descontraídas. Não mais andarão com o freio de mão puxado".

O desejo de que fala aqui Anthony de Mello desvia a pessoa do momento atual em que acontece o decisivo. Em vez de viver no presente, algumas pessoas estendem-se com seu desejo para o futuro e procuram lá a vida. Pois se eu não encontrar no momento atual aquilo que constitui a vida, também não o perceberei no futuro.

A sabedoria de Tagore

"Meus olhos já viram muito, mas não estão cansados; meus ouvidos já escutaram muito, mas querem ouvir mais." O filósofo e escritor Tagore, autor desta frase, viajou muito por esse mundo. Apesar disso, seus olhos não ficaram cansados de ver a beleza do mundo. Ele guardou obviamente um olhar para a beleza e o mistério deste mundo. Em tudo o que viu, vislumbrou algo da beleza de Deus. E também descobriu nos rostos das pessoas suas experiências e seus desejos. Em suas obras e em sua cultura ele viu o mistério do coração humano. Quem pode olhar de tal forma a se tornar um com o olhado, a esquecer a si mesmo no olhar e ver o invisível, os olhos dessa pessoa jamais se cansarão.

Às vezes tapamos nossos ouvidos para não escutar o barulho ao nosso redor. Ou achamos suficiente quando pessoas nos falam de seus problemas. Não queremos ouvir mais nada. Tagore ouviu muita coisa em suas viagens. Ele escutou as pessoas às quais encontrou. E nunca foi demais para ele. Queria ouvir sempre mais. Era curioso? Não creio.

Há pessoas que querem sempre ouvir histórias escandalosas. Sua escuta não faz bem. Seus ouvidos fazem sair de nós coisas que nem queríamos dizer. Tagore ouviu de outro modo. Ao ouvir, prestou atenção ao inaudível, ao que ressoa nas vozes das pessoas, aos tons intermédios, ao desejo que suas palavras denunciam.

Quem assim ouve pede para ouvir mais.

Ouve o mistério da vida.

E ele é tão rico que jamais chegaremos ao fim.

Contagiado pela beleza

"O desejo faz todas as coisas florir." Que experiência poderia estar por trás desta frase do escritor francês Marcel Proust? Quando desejo amor, ele me lembra a rosa que a pessoa amada me trouxe. E a rosa tem então uma florescência diferente para mim. A árvore majestosa que encanta os meus olhos desperta em mim também o desejo de constância, estabilidade, autoconfiança e força. O desejo faz com que se olhe a árvore com outros olhos.

Há pouco tempo, passei minhas férias anuais na Toscana. Sentado sobre uma colina, contemplava a vasta paisagem. Não me cansava de olhar. Não olhava para determinadas montanhas ou povoados. Eu simplesmente estava sentado ali e olhava. Sentia como a paisagem me fazia bem. A calma, que me cercava, enchia meu coração. No olhar e ouvir, entrei em contato com meu desejo de beleza, paz, lar, amplidão, de inserção na criação.

E eu sentia a diferença: se tivesse contemplado esta paisagem só com os olhos que queriam saber onde estava tal montanha ou tal cidade, em breve teria levantado do lugar em que me achava. Teria satisfeito minha curiosidade. Mas a paisagem teria ficado morta para mim. No entanto, quando me deixei contagiar por sua beleza e amplidão, a paisagem adquiriu para mim outra qualidade. Começou a florescer. Senti sossego, realização, amplidão. A paisagem me fez bem. Ela me deu paz e felicidade. Escutava a bonança em que ressoava o inaudível. Eu olhava, olhava, e não conseguia ficar satisfeito de olhar. Não olhava para coisas em particular, mas para a amplidão, para o encantador, o tranquilizante, o encanto misterioso que saía dessa paisagem.

Posso imaginar que por trás da frase de Marcel Proust estivessem as mesmas experiências. Quando você olha para as coisas com o olhar do desejo, elas começam a florescer sob o seu olhar.

Fogo na alma

O teólogo e psicólogo holandês Henri Nouwen sentiu que tinha a mesma índole de seu compatriota Vincent van Gogh. Experimentava em si a dilaceração desse grande artista. Mas ao mesmo tempo atraía-o o fogo do quadro de seu compatriota. Sobre ele disse expressamente o pintor: "O fogo em sua alma jamais deve ser apagado, mas sempre avivado".

Vincent van Gogh foi um homem apaixonado e em busca de Deus. Sentia-se unido aos pobres e aos marginalizados. Sonhava em "expressar a esperança por meio de uma estrela, o desejo de uma alma através de um brilhante pôr de sol". O fogo que ardia em sua alma, ele nunca o deixou extinguir, mas o avivava sempre de novo, mesmo que o levasse à beira do desespero. Durante sua vida, ninguém queria sentar-se perto desse "fogão" para se esquentar. Um único quadro do grande artista conseguiu seu irmão Theo vender em toda a vida dele. Mas hoje – diz Henri Nouwen – muitos se tomam tempo de contemplar os seus quadros porque percebem intuitivamente neles o fogo que acalenta com seu calor o frio de seus corações. E assim começa novamente a arder o fogo que foi apagado pela agitação de sua vida.

O fogo que van Gogh trazia em sua alma em vida arde ainda hoje em seus quadros. A "centelha" que deles pode saltar e se incendiar tem seu fundamento no calor e na paixão humanos do artista. Só quem traz em si este fogo pode com ele incendiar os outros.

Quem contempla hoje as pinturas de van Gogh e nelas se aprofunda entra em contato direto com o desejo de amor, com aquela força que moveu o apaixonado artista a desenhar e fazer que em seus quadros também outras pessoas partilhassem do fogo que nele ardia.

Palavras mágicas

Uma canção dorme em todas as coisas,
que ali sonha sem parar.
E o mundo se ergue a cantar,
se você acerta a palavra mágica.

Esta canção de Joseph von Eichendorff tornou-se uma melodia característica do romantismo. Contudo, vai além de sua época de surgimento e não se refere apenas à poesia. Cada qual que, ao escrever, gostaria de expressar alguma coisa, cada escritor deseja encontrar a palavra certa, a palavra que é como chave que abre o mistério do mundo. Também eu sinto isto ao escrever. Sofro pelo fato de não encontrar as palavras certas para o que sinto interiormente e gostaria de expressar. Escrever é uma luta por palavras que tocam o coração do ser humano e o abrem para aquilo que ele deseja no mais íntimo. Podemos pensar que os poetas e escritores já disseram tudo o que havia por dizer. E eu mesmo já teria dito há muito tudo o que está em mim. Por que então escrever mais? Escrever é a vontade de encontrar o mistério que está em todas as coisas. Eichendorff expressa como ninguém este desejo pela palavra certa. Ele acha que a palavra certa faz o mundo cantar. Pois em todas as coisas dorme uma canção. É a canção do desejo da verdadeira beleza que está em tudo, do amor que tudo penetra, da vida que flui ao meu encontro na criação e me faz viver. Quando encontro a palavra mágica, a palavra-chave, então o mundo se ergue a cantar, então ressoa o canto de louvor em homenagem àquele que criou este mundo e está vivo em tudo o que existe. Em tudo o que vemos, dorme o oculto em que o próprio Deus se oculta. Portanto, toda luta pela palavra certa quer desvelar o oculto, tornar manifesto o invisível e trazer à fala o indizível.

Mesmo que muitos poetas nos tenham aberto os olhos para o mistério que está em tudo, há necessidade de sempre novos poetas nos diferentes tempos que nos deem as palavras mágicas, para que estejamos abertos ao infinito e ao insondável mistério do presente em tudo.

Sonhos perigosos

Em criança, todos tivemos o nosso sonho de vida. Muitos adultos colocam agora de lado seus sonhos de infância como bolhas de sabão. Preferem adaptar-se à realidade. Mas com isso sua vida torna-se muitas vezes tristonha e vazia. Eles funcionam, mas não vivem. Os sonhos fazem parte da vida. Sem sonhos, que vão além do acontecer diário, perdemos nossa vivacidade e fantasia.

"Se é perigoso sonhar um pouco, então o remédio não é sonhar menos, porém mais, sonhar o tempo todo." Marcel Proust disse isto. O autor de *À procura do tempo perdido*, um dos maiores romances sobre lembranças e desejos, não pensa, quando fala de sonhos perigosos, em sonho noturno, que nos sobrevém, mas o sonho de dia, que nós mesmos projetamos. Marcel Proust admite: os sonhos são perigosos. Eles desestabilizam na verdade as relações. Desde tempos remotos, os tiranos abominavam os sonhos. Pois, mesmo sob a maior tirania, as pessoas sonhavam com a liberdade. E em seus sonhos, sentem-se livres. O tirano só pode determinar seus comportamentos exteriores, mas não sua alma, que procura e encontra seu próprio espaço nos sonhos de amplidão e liberdade. Nos sonhos torna-se evidente que nossa alma não se deixa aprisionar em gaiola alguma, nem na de um tirano e nem na gaiola dos deveres cotidianos.

Marcel Proust nos dá um conselho que parece paradoxal. Aconselha-nos a sonhar o tempo todo. Não seria isto irrealista? Não é isto fuga para um mundo de mera aparência? Certamente o romancista francês não pensa que devamos refugiar-nos nos sonhos, a fim de fugir dos desafios de todo dia. Para ele, importa mais sonhar contra a tirania do que aparece em primeiro plano, tirar o poder do movimento superficial. Existe algo mais do que o trabalho da simples sobrevivência. Existe o mundo da fantasia no qual entramos em contato com as possibilidades de nossa alma, como riqueza interior que Deus nos concedeu. Quem descobre em seus sonhos o tesouro em sua alma, também pode aceitar o banal em sua vida, sem por sua vez tornar-se banal. O psicólogo analítico e profundo conhecedor da alma humana, C.G Jung, disse certa vez que as pessoas ficavam doentes por causa da banalidade de suas vidas. Elas se sentiam apenas como empregadas ou empregadoras, como contribuintes da Previdência Social ou como pensionistas. Nada mais eram do que aquilo que a estatística dizia sobre elas. Isso faz a alma ficar doente. Nos sonhos, a alma pode respirar. Pode estender-se e vivenciar sua própria amplidão. E a alma extensa torna também sadio o corpo estreito e limitado em que ela vive.

Não encerrado

"Sonhos – a melhor prova de que não estamos tão firmemente encerrados em nossa pele como parece." O poeta Friedrich Hebbel formulou com esta frase algo que podemos experimentar toda noite. Os sonhos noturnos nos levam, sim, para um outro mundo. Eles nos mostram que nossa vida é mais colorida do que se apresenta no dia a dia. No sonho não valem as leis da natureza. Nele se transformam bichos em pessoas. Anulamos a gravidade e voamos. Até homens engravidam e mulheres velhas dão à luz uma criança.

O sonho não só diz como as coisas estão comigo, mas também me dá muitas vezes os passos de como posso prosseguir em meu caminho. E o sonho me indica as possibilidades que estão em mim. Se eu sonhar com uma criança, sei que algo novo nascerá em mim, de que estou prestes a entrar em contato com meu verdadeiro si-mesmo.

No sonho, abre-se o mundo para mim. Ali eu mergulho no fudamento radical de Deus. Ali eu olho para além do mundo. Ali se abre para mim o mistério do mundo.

Mas não existe apenas o sonho noturno. Cada pessoa tem seus sonhos de vida. Em criança talvez tenha sonhado que sua vida corria bem, que havia contribuído para a mudança do mundo. Esses sonhos não são bolhas de sabão. Muitos adultos abandonam completamente seus sonhos de vida e vivem simplesmente o dia a dia. Sua vida torna-se vazia e superficial.

Somente daquele que está em contato com seus sonhos pode sair alguma coisa que transforma este mundo. Só quem ainda possui sonhos pode mover alguma coisa neste mundo.

Nós somos mais do que este corpo encerrado em nossa pele.

Em nós vivem sonhos que alargam o coração e que podem movimentar este mundo.

Vida verdadeira

Muitas pessoas procuram um conselheiro que lhes diga qual o caminho a seguir e como se portar neste caminho. Procuram dirigentes espirituais que possam ajudá-las. Também o poeta deve ser um companheiro neste caminho. Hermann Hesse – por muitos certamente considerado como um acompanhante espiritual assim – opõe-se a esta expectativa: "A função do poeta não é mostrar caminhos, mas sobretudo despertar o desejo".

De modo semelhante pensa Paul Celan, quando exige no poeta a arte de trazer à fala o indizível. Por detrás está uma compreensão igualmente alta de arte. Enquanto o poeta dá nome ao inominável, faz com que o invisível se torne visível, abre o coração humano para o amplo horizonte do infinito. Para mim, isso se torna mais claro no romance de Hermann Hesse, *Narziss und Goldmund* (*Narciso e boca de ouro*). Aqui ele descreve a saudade de "Goldmund" por sua mãe. A saudade o leva a procurar sempre novas relações com mulheres até que, finalmente, cansado, chega ao convento de seu amigo Narciso. Lá começa a esculpir uma Madona, na qual coloca sua saudade pela mãe perdida.

Minha primeira leitura de *Narciso e boca de ouro* despertou em mim a saudade de uma segurança que ultrapassa o ser aceito provisório por pessoas amadas.

Também ao ler *Steppenwolf* (*O lobo das estepes*) entrei em contato com meu desejo. Não sabia, após a leitura, o que deveria mudar precisamente em minha vida. Mas o meu coração ficara bem amplo. Tudo nele tinha lugar. E ele desejava vida verdadeira, êxtase, serenidade, a leveza da música de Mozart.

Precursores, pressentimentos

O que uma pessoa deseja sempre diz algo sobre sua alma. Há desejos pelo País das Maravilhas que indicam que gostaríamos ainda de ficar no colo da mãe. E há desejos bem concretos de amizade, de umas férias divertidas, de uma boa comida, de um ambiente melhor no trabalho. Alguns desejam escalar uma montanha, outros de relaxar nas águas do mar. Todos esses desejos nos tiram da passividade. Pelos nossos desejos entramos em contato com nossas capacidades que estão dentro de nós. Quem se dá por satisfeito com o que está à mão jamais descobrirá do que é capaz. Os desejos provocam nossas capacidades. Eles nos levam para além dos limites que nos colocamos e mostram do que somos capazes: "Os desejos são pressentimentos das capacidades que estão dentro de nós, precursores daquilo que estamos em condições de ser" (Johann Wolfgang Goethe).

Desejos que prenunciam

Há desejos que se realizam. Se, em meu aniversário, desejo um presente bem concreto, é provável que eu o receba. Rainer Maria Rilke foi o poeta das forças humanas da alma. Refletiu muito sobre os desejos. Um de seus mais belos textos é este:

> Não devemos abandonar os desejos.
> Acredito que não haja realização,
> mas existem desejos

que duram tanto tempo,
pela vida toda,
que não se poderia esperar
por sua realização[4].

Os desejos de que fala Rainer Maria Rilke vão mais longe do que os nossos desejos condicionados pela oportunidade diária. São desejos que nenhum presente pode satisfazer. São os desejos de nosso anseio que sobrepassam este mundo.

O desejo tem a ver com procura de alimento. E essa procura é um símbolo da eterna busca da alma. É preciso sempre de novo pôr-se a caminho e continuar procurando. Jamais encontraremos o alimento que basta para a vida toda. Por isso precisamos continuar desejando. Não há presente que satisfaça todos os nossos desejos. Nenhum sucesso nos deixa satisfeitos em definitivo.

Rainer Maria Rilke nos anima a nunca abandonar os sonhos. Trata então precisamente da tensão que um desejo não realizado – e talvez nem mesmo realizável – apresenta. Pois nossos desejos nos mantêm vivos.

Existem pessoas que são felizes sem desejos. Mas o perigo está em se darem por satisfeitas muito rapidamente com aquilo que conseguiram.

Desejos, cuja realização não se pode aguardar, ultrapassam o primeiro plano. Eles apontam para a verdadeira felicidade que não experimentamos nesta vida, mas só na plenitude final.

4. Texto original alemão: Wünschen, das soll man nicht aufgeben / Ich glaube, es gibt keine Erfüllung, / aber es gibt Wünsche, / die so lange vorhalten, / das ganze Leben lang, / dass man ihre Erfüllung / doch gar nicht abwarten könnte.

Obrigado(a), impossível torna-se possível

Poetas e humoristas veem a realidade de modo diferente. Mostram a verdade no paradoxo: "Você vê coisas e pergunta: por quê? Eu, ao contrário, vejo coisas que nunca existiram realmente e pergunto: por que não?" Nesta frase do grande satírico e conhecedor da alma humana, George Bernard Shaw, mostra-se com evidência a força da fantasia. Shaw coloca a realidade do poder criador dos sonhos, a utopia, em nosso poder.

Já é bastante não tomar as coisas simplesmente como são, mas perguntar: por que são assim? O questionamento faz com que eu entenda melhor as coisas. Contudo, G.B. Shaw é também poeta. Vê coisas que nunca existiram realmente. Em sua poesia não só retrata a realidade como ela é. Cria, antes, um mundo próprio. E quando críticos questionam este seu mundo, ele pergunta: por que não? Por que deveria existir só o mundo que nós vemos? Por que não teriam realidade também as nossas fantasias? Por que nosso desejo não poderia ter a mesma realidade que nossa contrariedade e tristeza? Quem ousa ver coisas que não encontra na realidade, este muda o mundo. A fantasia que sonha o impossível prepara o caminho para que o impossível se torne possível. O que nós projetamos não são simples quimeras. Nas imagens que nossa mente cria pressentimos um mundo que ainda não existe, mas que pode ser realidade. As imagens que surgem em nós são reais, mesmo que não sejam palpáveis. As imagens mudam o mundo.

Mais próximo do invisível

Na poesia romântica, Friedrich von Hardenberg vem ao nosso encontro sempre com o luzir das flores azuis. A poesia dele torna visível o invisível. Faz falar o indizível. Ela nos diz o que Novalis cunhou na frase: "Estamos mais próximos do invisível do que ligados ao visível". Por trás dessa frase estava uma experiência existencial contundente. Desde a morte de sua noiva, sentia-se o jovem Novalis mais ligado ao invisível do que ao visível. O poeta andava como estrangeiro sobre a terra. Mas em seu caminho sempre experimentava a alegria indescritível quando lhe aparecia o invisível, e o céu se abria sobre ele. Seu destino trágico de amor, ele o interpretou como "vocação para o mundo invisível".

A amada chamava-se Sofia. Tornara-se para o poeta a fonte da sabedoria e a ponte para o mundo do além, que era, aliás, seu mundo verdadeiro. Em seus poemas, ele nos leva para este mundo totalmente diferente, para despertar em nós o desejo do amor divino, que neste mundo resplandece em toda parte e não é perceptível em parte alguma. Sua trajetória por este mundo veio nas asas da certeza: "Para onde vamos? – Sempre para casa".

Transformação

O desejo é o começo de toda transformação. E isto é bem diferente de alteração. A alteração é para autores, planejadores e ativistas. A transformação não se faz: acontece. A transformação não quer tomar as coisas à força. Não atua com barulho, mas cautelosa e silenciosamente. Pois o que cresce não faz barulho.

Quando acatamos serenamente o que realmente existe e não reprimimos nada, então pode acontecer o milagre de que falam muitas lendas. Experimentamos então repentinamente e sem nossa participação o salvador, o libertador, o outro.

Transforma-se então o sapo em príncipe e a gata-borralheira em princesa. O jovem pobre transforma-se da noite para o dia em rico sem medida. A moça sem atrativos torna-se uma princesa maravilhosa. O beijo do príncipe desperta a bela adormecida de seu sono e lhe dá uma vida nova e feliz.

Os contos de fada sabem que não existe receita para a vida. Não se excluem caminhos errados nem descaminhos. Não há programa nem plano de mestre. Não podemos fazer nada. Alguém outro faz por nós. A transformação acontece no encontro, no amor. O olhar benevolente da outra pessoa nos transforma. Quando encontramos o amor, saímos renovados. Outra pessoa, que antes estava adormecida, sai desperta pelo amor. O amor cria em nós uma força que nos faz descobrir nosso próprio mistério.

Mas também a Bíblia está cheia dessas histórias que são promessas: que o mar se torna terra seca e chão firme. Que de suas rochas duras de repente flua água em abundância, que uma pedra se tome de nova vida. Que o deserto de repente floresça, que uma sarça se transforme num lugar brilhante da presença de Deus. Que em nossa miserabilidade nos tornemos imagem da glória.

Não somos nós que fazemos essa maravilha. Deus é que opera isso em nós. Nós só precisamos seguir os passos de nosso desejo que nos atrai para ele e nos entregar a ele. Quem se põe a caminho, a este se satisfaz o desejo. Ele experimentará a bênção.

Obrigado(a), cheiro das coisas

Cada coisa tem seu próprio cheiro. Quando sentimos um cheiro especial, lembramo-nos daquilo que nos atingiu de modo bem profundo. O olfato é um sentido muito ligado às emoções. Eu mesmo o constato sempre de novo: quando sinto cheiro de feno, penso em férias. Quando sinto cheiro de incenso, ocorrem-me lembranças do Natal e do Dia de Reis como nós os festejávamos em criança e também as celebrações dos mistérios divinos no Monte Athos, cheio de perfume de incenso.

Já a própria palavra desejo tem algo a ver com cheiro, vapor, atmosfera, orvalho, pois a palavra grega para desejo, *epithymia*, tem a raiz *thymós* = sopro, aroma, vento. Mas também a experiência nos mostra que desejo e cheiro estão relacionados. Quem sente determinado cheiro, digamos o perfume de uma mulher pela qual esteve apaixonado, surge nele o desejo por esta mulher, ou, melhor, o desejo do amor que sentia naquela época. Contudo, nem o amor, nem o aroma são palpáveis. Eles apontam para além do visível e tangível em direção a algo que já não posso agarrar. Esta experiência dos sentidos alarga meu coração e me conduz para além do concreto.

A fumaça de um fogo sobe para o céu. Quando olho para ela, percebo algo da amplidão e do infinito. Surge então em mim o desejo. Também os poetas bíblicos conheceram essa experiência. Por exemplo, o salmista reza assim: "Que minha oração seja o incenso diante de ti" (Sl 141,2). O incenso que sobe ao céu é qual oração que me puxa para o alto, para o céu. O incenso torna-se a imagem do desejo que me leva para além deste mundo.

"O cheiro das coisas é o desejo que elas despertam em nós por elas", escreve Christian Morgenstern. Ele não fala do desejo em relação a Deus, mas do desejo das coisas. O que quer dizer com isso? Quando cheiro uma rosa, então seu cheiro desperta em mim o desejo da rosa. Mas não é o desejo de possuir a rosa, de tomá-la na mão, ou mesmo de esmagá-la. É, antes, o desejo por aquilo que a rosa representa. É o desejo da beleza, do amor, da pureza, da perfeição. O desejo daquilo cujo cheiro sentimos não significa que gostaria de possuir a coisa, mas apenas pressentir o que nela se esconde de promessa. Tudo o que se nos apresenta na natureza é símbolo de algo espiritual. Não foi à toa que Jesus sempre traduziu seu ser sob a imagem de coisas: "Eu sou a videira verdadeira. Eu sou a porta. Eu sou o bom pastor. Eu sou o pão da vida. Eu sou o caminho. Eu sou a fonte". O cheiro que está nas coisas desperta em nós o desejo que brilha em tudo como imagem da perfeição, como imagem da verdadeira vida.

Um abraço, céu aberto

O Pequeno Príncipe, de Antoine de Saint-Exupéry, não só admira as estrelas. Ele as ama. Pois elas lhe lembram a rosa, que ele ama. Esta rosa cresce no planeta em que o Pequeno Príncipe está em casa. A partir da terra, ele não consegue vê-la. Mas as estrelas lhe trazem a lembrança dela. Por isso, as estrelas são bonitas para ele: "As estrelas são bonitas porque lembram uma flor que a gente não vê". Pelo fato de apontarem para sua rosa, elas participam de sua beleza.

Desde sempre, as estrelas puseram o ser humano em contato com seu desejo. No internato, onde vivi desde os dez anos de idade, o diretor contava às vezes histórias do tempo em que esteve prisioneiro na África. Era daquela geração que passou por experiências pesadas na guerra. Quando os prisioneiros estavam sentados juntos em seu alojamento e falavam de casa, ele gostava de cantar a canção "Heimat, deine Sterne" ("Pátria, as tuas estrelas"). Isto levava aqueles soldados abrutalhados às lágrimas. As estrelas os lembravam de que neste mundo estamos sempre e em toda parte em casa. As estrelas que viam no céu da África eram vistas também por suas esposas, seus filhos e amigos. Brilhavam também sobre a pátria distante. E, assim, o olhar para as estrelas tornava presente a pátria longínqua. Algumas pessoas podem considerar sentimental esta canção. Entretanto, quando aquele homem forte cantava essa música para nós, crianças, sentíamos também um pouco da dor e do prazer que se ligam ao sentimento do distante, ao anseio da pátria sempre desejada.

Os românticos falavam das "flores azuis". Para o poeta Novalis, a flor azul é a essência do amor, do desejo e da transfiguração. Azul é a cor do céu, símbolo do infinito. O céu azul que se abre sobre nós lembra-nos aquela infinitude que abrange nossa vida finita. Às vezes o céu acima de nós está encoberto, cheio de nuvens escuras. Desejamos então que ele se abra. Este desejo também diz algo sobre a orientação de nossa vida. Sobre a direção que podemos tomar – como objetivo da saudade maior pelo verdadeiro lugar da aceitação definitiva. O céu aberto dirige nosso olhar para aquela realidade que nos ultrapassa, que nós, como crianças, ligávamos à transcendência divina. As estrelas nos remetem para as flores azuis de nosso desejo. Brilham no céu escuro. E através delas o céu recebe uma refulgência toda especial. Nisto pressentimos algo daquele que haverá de preencher a nossa vida com seu fulgor divino.

Uma mesa que jamais ficará vazia

Sentamos à mesa para comer e viver em comunidade. Quando a refeição termina, a mesa é limpa. Às vezes a conversa ainda se prolonga. Mas, a qualquer momento, nós nos levantamos e vamos trabalhar. O poeta Novalis fala da "mesa do desejo que nunca se esvazia". Ele não compara o desejo com a fome, conforme muitos o fazem, mas com a comida da qual nos podemos alimentar. O desejo nos alimenta. Ele nos fortalece em nosso caminho. E o desejo une, assim como uma refeição ocasiona comunidade. Quem na conversa entra em contato com o desejo de outra pessoa sente-se unido a ela no fundo de seu coração. O desejo da outra pessoa lembra-lhe seu próprio desejo. Ele abre e alarga seu coração. A comunidade à mesa do desejo nada tem de escravizador. Ele deixa livre. Abre o céu e cria um horizonte bem amplo. No desejo sinto a outra pessoa. Ali experimento mais proximidade do que na concordância da convicção política. O desejo traz para mais perto de mim o coração da outra pessoa. Quando sinto o desejo dela, prevejo um pouco do mistério que a cerca. E o mistério cria um laço de afinidade que nos faz irmãos sob um mesmo teto. A mesa do desejo torna-se a casa do desejo na qual podemos morar e nos sentir abrigados.

Alimento da alma

"O desejo é o que alimenta a nossa alma e não a sua realização." Arthur Schnitzler disse isto. O escritor austríaco, um médico de grande sensibilidade psicológica e observador perspicaz do "estado da alma" social, não conhece apenas aquilo que alimenta o corpo. Conhece também as necessidades psíquicas das pessoas. Naturalmente esse homem de fino trato social era igualmente alguém que gostava de boas comidas e apreciava uma boa vida. Mas sabia também: isto não é tudo. Fazer boas refeições dá ao corpo força e saúde e proporciona prazer. Mas a alma precisa ainda de outra coisa. Jesus fala de que não se vive só de pão, mas de toda palavra que sai da boca de Deus (cf. Mt 4,4). A palavra salutar e salvífica pode alimentar a alma. O desejo, conforme Arthur Schnitzler, tem qualidade semelhante.

Ligamos à alma sentimentos de amplidão, liberdade, vitalidade e espiritualidade. A alma quer respirar. O desejo é como a respiração da alma. Ele ultrapassa a estreiteza deste mundo. Chega então ao que lhe é próprio. Obviamente a experiência da realização é importante para a alma. A alma precisa de lugares onde possa gozar, onde sinta o ser uno com tudo o que existe. Mas ela ultrapassa esta satisfação. É o desejo que a leva adiante. Pois a unidade que ela às vezes sente não é constante. Ela desaparece sempre de novo. A alma só ficará em união plena com Deus na morte. Enquanto viver aqui, precisa do desejo que a leva para frente, que a motive para prosseguir no caminho interior. O desejo é como o pão que vem do céu para alimentar e fortificar a alma em seu caminhar dos lugares baixos desta terra para as alturas do céu.

Experiência semelhante, como a descrita por Arthur Schnitzler, tem presente também Erich Maria Remarque quando diz: "A realização é a inimiga do desejo". Nós desejamos sua realização. Mas quando sentimos a realização, adormece o desejo e, com ele, nossa alma. Mas quando não queremos prender a realização, e sim apenas desfrutá-la, ela provoca em nós novo desejo. Portanto, a realização nem sempre é inimiga do desejo. Importa o seguinte: como lidamos com a realização? Recolhemo-nos satisfeitos ao nosso canto, ou deixamos que nos leve a novos trajetos?

Amplidão infinda do mar

Quem quiser criar uma grande obra precisa de um bom talento organizacional. Mas não só e em primeiro lugar. O poeta aviador Antoine de Saint-Exupéry acha até que o mais importante é aquilo que passa por cima da obra concreta: "Se quiser construir um navio, não reúna pessoas para providenciar madeira, preparar ferramentas, conferir tarefas e dividir o trabalho, mas ensine-lhes o desejo pelo grande mar sem fim".

Isto soa paradoxal. Quem sonha com o mar imenso, quem traz em si o desejo desta amplidão, a este não se confia um trabalho pesado. Mas, apesar disso, está nessa frase do poeta francês uma verdade profunda. Quem acha que sabe o que é exatamente um navio, construirá um semelhante aos que já existem. Providenciará um plano de construção do navio e vai executá-lo à risca. Mas o que poderia ser um navio só imagina aquele que vive no desejo da amplidão do mar. O desejo mostra-lhe um navio que o leva para lá. Só o navio que o desejo constrói respira a amplidão do mar.

Todos podemos entender que o artista precisa do desejo para sua atividade criadora. A obra de arte ultrapassa o funcional e objetivo. O artista deve entregar-se à sua fantasia e criatividade. Mas um navio serve a uma finalidade bem determinada. Precisa ser funcional, deve ser capaz de flutuar com certa velocidade e ter segurança contra os perigos do mar. No entanto, Saint-Exupéry acha que também nossos objetos de uso diário precisam do desejo. Muitos inventores obedeceram primeiro a seu desejo, antes de começarem sua obra.

Eles sabiam qual era o desejo das pessoas e criaram então algo que, se não satisfizesse seu desejo, ao menos lhe corresponderia.

Basta atentarmos para a propaganda na televisão: ela usa o nosso desejo. Os artigos de limpeza deixam tudo muito limpo, o perfume espalha um aroma sedutor, o automóvel faz respirar liberdade. A indústria visa a satisfazer nosso desejo. Mas para isso e por amor a seus próprios interesses precisa entrar em contato com o desejo das pessoas. Só então consegue fabricar seus produtos de tal forma a tocarem o coração das pessoas.

Em busca de nova liberdade

"A pessoa sensível não sofre devido a esta ou àquela razão, mas única e exclusivamente porque nada neste mundo consegue satisfazer seu desejo." Isto foi dito por Jean-Paul Sartre, um homem que sempre levantou em público bem concretamente, e muitas vezes de forma politicamente radical, sua voz para denunciar com ardor violações dos direitos humanos e que protestava energicamente sempre que encontrava injustiças. Mas para o filósofo e escritor existencialista francês, o sofrimento mais profundo não é a dor das violações e decepções de nossa vida. Para ele, a pessoa humana é sofredora por natureza, porque nada neste mundo consegue satisfazer o seu desejo.

A não satisfação do desejo pertence à natureza do ser humano. É parte da existência fundamental de sua vida. Em tudo o que sofremos por falta de amor, por incompreensão, solidão, rejeição, humilhações e ofensas por parte daqueles de quem esperamos amor e aconchego, expressa em última análise nosso sofrimento básico: que nosso desejo de amor, de comunidade, de aceitação, de ser bem-vindos, de saúde e força não será satisfeito.

Mas a visão de Sartre significa para mim também outra coisa: todo sofrimento me lembra de que este mundo não pode satisfazer o meu desejo.

Quando entendo assim o meu desejo, ele se torna mais suportável. Deixo de me aprofundar na autocompaixão e na plangência autorreferida.

O sofrimento se relativiza para mim, recebe um sentido quando me deixo levar por ele para além desse mundo para Deus, que é o único que pode satisfazer o meu desejo.

Todo sofrimento lembra meu desejo.

Pelo desejo, o sofrimento se transforma.

Ele abre minha vida para nova liberdade.

Linguagem da transformação

Bengt Holmqvist, crítico literário sueco e amigo íntimo de Nelly Sachs, intitula sua introdução à obra da poetisa judia e ganhadora do prêmio Nobel como "A linguagem do desejo". O desejo é para ele a palavra-chave da compreensão de sua poesia, um conceito que realmente aparece em muitos de seus poemas. Esta palavra originária recebeu seu verdadeiro significado da mística. Místicos como Jakob Böhme estão convencidos de que em todo o criado vive o profundo desejo de ser um com a origem divina. O romantismo foi um tempo do desejo. Mas no último século, o conceito desejo perdeu seu significado mais profundo e próprio. Recebeu um sabor negativo e imprimiu falhas na realidade. Vibram no ar as fugas da realidade. Daqui em diante os poetas evitam essa palavra. Mas Nelly Sachs ousa sempre de novo falar do desejo. Ela se dirige ao anjo do suplicante:

> Abençoa a areia,
> faze que entenda a linguagem do desejo,
> da mão infantil vai crescer algo novo,
> sempre algo novo[5].

A linguagem do desejo é uma linguagem da transformação. Nelly Sachs vê em todo o criado o desejo de algo novo e não falsificado, de algo original. Até mesmo a areia deve entender a linguagem do desejo. Pois também da areia Deus criará algo novo, seu mundo conforme ele o imagina.

Para Nelly Sachs são os objetos bem cotidianos – fogão e berço – "coisa relegada pelo desejo". Também nelas está o desejo daquilo que é realmente intencionado. O fogão significa o desejo de calor, de lar e de comunhão. O berço em que se embala a criança faz pensar no aconchego junto à mãe. Com isso não se quer falar em movimento para trás ou de uma fuga para o passado. Ao contrário, o berço lembra o nosso desejo de sermos aqui e agora amparados por Deus e experimentar em plenitude o que só pudemos sentir inconscientemente na infância: ser amados incondicionalmente, ser amparados e embalados na leveza do ser.

5. Texto alemão: Segne den Sand, / lass ihn die Sprache der Sehnsucht verstehen, / draus ein Neues wachsen will aus Kinderhand, / immer ein Neues.

Em noite escura

Nas conversas sobre o desejo vem à baila muitas vezes uma observação: não será o desejo em si algo doentio, algo mórbido, algo que tende para a morte, um sentimento pelo qual gostaríamos de fugir da realidade? É sem dúvida uma observação justificada. Existe este desejo doentio da morte. Pelo fato de a vida não me dar o que esperava, desejo então a morte. Ou por não suportar a realidade como ela é, fujo para um mundo diferente. Mas também aquele que denomina isto de desejo romântico – tal atitude não muda minha vida. Minha vida continua caótica e turva. Quando o desejo se torna fuga da realidade, ele nos faz doentes. O critério mais importante de um desejo sadio é que brote da realidade e me capacite a enfrentar a realidade do dia a dia com maior liberdade interior e maior serenidade.

Mas é preciso encarar a realidade de olhos abertos. Na Europa Ocidental, o suicídio de jovens entre 15 e 20 anos tornou-se a segunda maior causa de morte. É de pasmar como tantos jovens têm o desejo de morrer. Penso especialmente na juventude que não encontra sentido em sua vida e persiste na ilusão, na idealização. Isto se deve em parte ao fato de a expectativa de felicidade dessa faixa etária ser muito grande e não conseguir aceitar a realidade como ela é. Hoje em dia, todos tendemos a viver no superlativo: temos de ser "o(a) melhor", fazer "o máximo".

O que fazemos com essa juventude em perigo de se suicidar? Tentamos levar essas pessoas, que muitas vezes só vivem de seu intelecto, a degustar a vida e a sentir: respirar, ver, ouvir, movimentar-se... Nada melhor do que jardinagem e um planejamento exato do dia! É um caminho. E quando um desejo de morrer tem por base um desespero espiritual, precisamos indicar-lhe outro caminho, mostrar-lhe que Deus é amor e pode ajudar a todos. Mesmo na noite mais escura do desejo pela morte pode haver uma luz.

Naturalmente permanece a realidade de uma noite metafísica, o mistério do mal. E fica naturalmente o desejo de esclarecer as obscuras questões que nenhuma psicologia sabe explicar ou resolver. As maldades que as pessoas sofrem e causam umas às outras não explicam tudo: por que as pessoas se odeiam? Por que tanta violência e destruição? Por que tanta injustiça e miséria?... Só podemos constatar que o mal existe e ver como nos arranjar com ele: "*Corruptio optimi pessima* – a pior corrupção é a dos melhores". O mesmo diz a Bíblia sobre Lúcifer: o anjo da luz – enquanto em Deus – torna-se anjo das trevas tão logo se afasta de Deus. O desejo de salvação continua.

Acender uma luz

Muitas pessoas têm hoje a experiência de uma noite espiritual. Mas isso é apenas parte da realidade. Sinto isso também em pessoas que vêm às minhas conferências ou seminários. Algumas têm problemas de relacionamento, outras são doentes física ou psiquicamente, outras ainda têm tanto medo e sentem-se tão oprimidas por um mundo adverso que já não encontram seu lugar nesta terra. Contudo, eu não acredito na noite total. Em todos nós existe um desejo, uma procura de luz. O fato de essas pessoas virem às conferências significa que ainda possuem um lampejo de esperança, mesmo temendo ser engolidas totalmente pela noite.

Parece-me que atualmente o desejo de iluminação – e isto significa vitalidade, libertação do medo, encontro com a realidade – está bem forte em muitos contemporâneos. Muitas pessoas procuram por ele, mesmo sem o saber. Nas conferências e conversas pessoais fico feliz ao perceber que os rostos das pessoas se iluminam aos poucos. E da práxis terapêutica e do acompanhamento espiritual sabemos: uma pessoa depressiva que encontra um espaço de luz começa a sarar.

A pessoa que acende a luz em sua vida e entende o sentido de sua existência expulsa o medo, dissipa suas ilusões e enriquece sua vida. Sob este prisma de pensamento imaginativo, faz muito sentido que se chamasse o batismo, no cristianismo primitivo, de "iluminação". A pessoa iluminada é pessoa viva. O simbolismo cristão não fala à toa da luz da fé. Também o canto noturno dos monges aproveita este símbolo: nas Completas, acendemos a luz para que as trevas da noite não nos devorem.

Na noite de nossa alma

No romance *Hyperion*, de Hölderlin, o herói escreve a seu amigo de correspondência epistolar, Belarmino, sobre uma experiência profunda, que provavelmente ocorreu com o próprio poeta: é a experiência deprimente da noite: "Há um emudecimento, um esquecimento de toda existência, em que temos a impressão de haver perdido tudo, uma noite de nossa alma na qual não brilha nenhuma luz de estrela, nem mesmo um pedaço de madeira podre".

Todos temos a experiência da escuridão. A noite a que Hölderlin se refere significa, em sentido literal, obscurecimento. É o encontro com a sensação de aniquilamento, desvalor, depressão, desespero e solidão. Numa situação dessas, em que não vemos abertura para a frente, desejamos uma saída, uma luz. Certamente existe a experiência da noite nesse sentido negativo. Mas ela não é tudo.

Eu faço uma distinção entre noite e sombra. Sombras que nos atormentam, lados escuros que reconhecemos em nós e nos fazem sofrer não são tudo. A sombra é a parte de mim que não consigo dominar e com a qual preciso me reconciliar. Até mesmo o ódio – que pertence de fato ao lado escuro de nós, porque tem em vista a destruição – não o deveríamos ignorar. Podemos entendê-lo também como sombra do amor. Ele não se torna destruidor se nós o encararmos de frente e tentarmos entendê-lo. Nossas sombras têm sua razão de ser. Por isso é perigoso afastá-las sem mais de nós.

É possível reconciliar-nos com nossos lados de sombra. Isto acontece quando a gente começa a reconhecer que eles têm sua razão existencial. Que não são maus em si. Se nós combatermos diretamente as nossas sombras, corremos o risco de nos esgotar, pois as forças que aqui estão em jogo são mais fortes. Temos de integrar nossas sombras em nossa vida, domá-las e dialogar com elas: há quanto tempo esta sombra está aqui? Por quê? E posso também dizer sempre para mim que estou nas mãos de Deus com todos os meus lados escuros, com minha inveja e minha insensibilidade.

Impulsionado ou resignado

"As pessoas ficam muitas vezes frustradas quando descobrem que seu desejo mais profundo jamais desaparece. Casam e ficam sonhando com outro cônjuge. Mudam-se para um lugar bonito, mas logo pensam que poderiam estar em outro lugar melhor. Amam seus filhos, mas desejam chegar mais perto dos filhos ideais que um dia sonharam ter. Têm dinheiro bastante, profissão boa, casa, tudo o que sempre desejaram, mas nada basta para dominar o motor do desejo que ronca constantemente em algum lugar debaixo do coração."

A experiência de Thomas Moore, outrora monge e hoje terapeuta e professor, descreve isto aqui de forma subrreptícia. Talvez o desejo nos leve a casar com o cônjuge amado, mas logo percebemos que o casamento não consegue satisfazer o nosso desejo. Desejamos então uma mulher mais fascinante, um homem mais vistoso. Mas também eles não satisfazem o nosso desejo.

Podemos resignar-nos e achar que a vida não tem mais nada para dar, ou somos impulsionados a procurar novos(as) companheiros(as). Existe uma possibilidade de saída desse dilema. Consiste em dirigir para Deus nosso desejo que o amor desperta em nós.

Thomas Moore vê a íntima conexão de nossa sexualidade com o desejo: "Nossa sexualidade humana mais profunda só será satisfeita quando nós descobrirmos que o(a) amado(a) que procuramos é divino(a) e jamais pode ser encontrado(a)". Desejo e sexualidade não são opostos. O desejo não substitui a sexualidade, mas lhe dá tão só sua profundidade. Possibilita-nos viver a sexualidade de modo a nos indicar o próprio mistério de nossa vida: a dimensão de Deus. Thomas Moore vai inclusive tão longe e diz que a cama é um genuflexório, um "lugar da oração física, inspirada no desejo e carregada de alegria. Nenhum altar é mais sagrado". O que ele acha: só quando nossa sexualidade nos indica o numinoso, ela não nos engana, mas nos mantém vivos em nosso caminho para Deus.

Unidade e simplicidade

Um desejo primitivo do ser humano aponta para a unidade e torna-se uno. O lugar em que a pessoa sente e deseja hoje mais intensamente o ser uno é o tornar-se um na sexualidade. Ali às vezes acontece de ele esquecer a si mesmo(a) e tornar-se uno(a) com o(a) amado(a). A psicóloga Verena Cast acha que o desejo do ser uno com o tu é, em última instância, também sempre o desejo da própria perfeição, da integralidade original. Este desejo de união e de ser um foi descrito pelo filósofo grego Platão numa imagem impressionante: o mito do homem esférico. O ser humano era então originalmente uma esfera, uma totalidade redonda. Desde que a esfera se partiu em duas partes, o ser humano deseja retornar à sua totalidade original.

Outra imagem criada por Platão é o mito da caverna. A alma sai da esfera divina. Está presa aqui na caverna do corpo. Ela só vê a sombra que a luz primitiva lança na caverna e deseja voltar para o seu lar, onde pode ser totalmente ela mesma, não mais estorvada pelo corpo. A filosofia grega desenvolveu sempre mais esse desejo de unidade. Ela elaborou uma filosofia própria do "tò hén", o "um".

O desejo de unidade e de ser um foi assumido pela mística cristã da unidade, conforme desenvolvida pelos Padres gregos da Igreja, Gregório de Nissa e Dionísio Areopagita. O místico se esforça para tornar-se um com Deus. Se eu for um com Deus, também serei um comigo e um com toda a criação. Estarei em harmonia com a minha vida e com tudo o que existe.

Nos momentos em que experimento a unidade, meu desejo está satisfeito. Mas esta experiência dura sempre apenas um momento. Depois dele, continuo a sofrer a minha divisão, o meu isolamento e solidão. E o desejo se torna vivo outra vez.

Paradisíaco

"Odeio a solidão em que Adão andava e cheio de desejo no paraíso terrestre." A poetisa latino-americana Gioconda Belli, de quem é esta frase, entende Adão como o homem solitário. Deus o criou e o colocou no paraíso, mas isso não lhe basta. Sente-se só. Deus teve pena dele e criou Eva a partir de uma de suas costelas. Nela reconhece Adão sua companheira: "Desta vez sim, é osso dos meus ossos e carne da minha carne" (Gn 2,23). Antes disso, Adão dera nome a todos os animais e os havia subjugado. Mas todo o poder e toda a beleza da terra não lhe bastavam. Sentia dentro de si um profundo desejo de complementação. O homem desejava a mulher, sem ela sentia-se incompleto.

Gioconda Belli conhece evidentemente tal solidão. Pode uma pessoa ser muito bem-sucedida externamente, mas sem a experiência de um amigo ou de uma amiga perambula sozinha e cheia de desejo neste mundo. O desejo da mulher pelo homem e do homem pela mulher é, às vezes, tão forte que vivem sozinhos e sem rumo. Podem fazer de tudo. Nem posses e nem êxito comparam-se à realização que o homem vive na mulher e a mulher no homem. O desejo não satisfeito impele o homem a procurar uma mulher e a mulher a buscar um homem. Mas tão logo se realize o desejo, ambos sentem: o amor desperta sempre novo desejo e o(a) parceiro(a) não consegue satisfazê-lo por completo.

Quando, à noite, volto de carro para casa, ligo às vezes o rádio para não dormir e procuro uma estação de música clássica. Em geral não encontro nenhuma naquele horário. Não resta outra coisa senão ouvir as músicas que a maioria das rádios estão transmitindo. As músicas falam em geral de amor, mas também do sofrimento que o amor produz, falam do desejo não satisfeito de amor absoluto e de aconchego, de ser um com a outra pessoa, sem sentir aquele medo de ser abandonado(a). Essas canções sabem: o desejo de amor é o desejo mais forte no ser humano. Adão desejou que, por meio de Eva, sua vida se tornasse realmente um paraíso. Mas, pouco tempo depois, ambos foram expulsos do paraíso. Percebem que sua vida é dureza, que são pó e ao pó devem voltar (Gn 3,19). E o desejo continua.

Tenho vertigens, queima

Só quem conhece o desejo
sabe o que padeço!
Só e separado
de toda a alegria,
olho para o céu em todas as direções.
Mas! Quem me ama e me conhece
está no mundo.
Tenho vertigens, ardem
minhas entranhas.
Só quem conhece o desejo
sabe o que padeço[6].

6. Texto original alemão: Nur wer die Sehnsucht kennt, / weiss, was ich leide! / Allein und abgetrennt / von aller Freude, / seh ich ans Firmament nach jeder Seite. / Ach! Der mich liebt und kennt / ist in der Welt. / Es schwindelt mir, es brennt / mein Eingeweide. / Nur wer die Sehnsucht kennt, / weiss was ich leide!

Esta poesia pertence aos textos mais conhecidos da literatura alemã. Goethe expressa nela o desejo de uma pessoa que sofre por causa da separação das outras pessoas a quem ama. Olha então para o céu, ora para cá, ora para lá. Tem vertigens de tanto olhar. O seu interior arde como fogo. Ao descrever seu estado, Goethe procura a comunhão com o leitor.

"Só quem conhece o desejo sabe o que padeço." Evidentemente, a experiência do desejo é o pressuposto de que eu entenda as pessoas que estão apaixonadas e vivem distantes da pessoa amada, que amam mas não são correspondidas, que em seu amor esbarram em mal-entendidos que colocam em dúvida o amor.

Goethe não fala de que eu deva fazer a mesma experiência de amor para entender a pessoa apaixonada e seu sofrimento. Basta o desejo. No desejo sei o que é amar e conheço o sofrimento daquelas pessoas que se sentem sozinhas em seu amor e estão cheias de dúvidas se seu amor é correspondido.

O desejo me leva mais próximo do sofredor.

Quando eu o sinto e experimento, sofro eu mesmo(a) a dicotomia entre desejo e realização.

Em meu desejo compreendo todas as pessoas que sofrem pela não realização de seu desejo, compreendo como o desejo está ligado necessariamente a toda experiência de amor.

Plenitude infinda do amor

O jovem poeta Friedrich von Hardenberg denominou a si mesmo Novalis: alguém que ara a terra inculta. Ele dá um *glamour* todo especial à poesia deste poeta romântico que morreu tão cedo, o inventor da flor azul. Quando, aos vinte e cinco anos, perdeu sua noiva, despediu-se interiormente deste mundo e desejou acompanhar sua amada na morte. Sua poesia está cheia deste desejo do outro mundo:

> Se os sóbrios
> tivessem provado uma vez,
> tudo abandonariam e se sentariam conosco
> à mesa do desejo,
> que nunca fica vazia.
> Conheceriam do amor
> A plenitude infinda
> E apreciariam o alimento
> De corpo e sangue[7].

Novalis convida, pois, seus leitores para a mesa do desejo. À mesa do desejo reconhecem a plenitude infinda do amor que dá à nossa vida seu verdadeiro fulgor. Quem provou desse amor deixa todas as exterioridades de lado, sua profissão, seus bens materiais, para sentar-se à mesa do desejo.

Quem lê as poesias e fragmentos de romances do poeta toma lugar à mesa do desejo que Novalis prepara para nós, a fim de termos parte em seu desejo de um amor que nos enleva e nos conduz ao reino do amor sem fim.

O desejo desse amor ressoa em muitas palavras as quais Novalis nos deixou apenas em fragmentos. Diz, por exemplo, dos contos de fadas: "Todos os contos de fadas são apenas sonhos daquele mundo pátrio que está em toda parte e

7. Texto original alemão: Hätten die Nüchternen / einmal gekostet, / Alles verliessem sie, / Und setzten sich zu uns / An den Tisch der Sehnsucht, / Der nie leer wird. / Sie erkennten der Liebe / Unendliche Fülle, / Und priesen die Nahrung / Von Leib und Blut.

em lugar nenhum". O mundo pátrio é o mundo do amor. Em todo amor humano resplandece o amor de Deus. E só onde brilha este amor divino, no amor humano temos a pátria.

Nos contos de fadas sonhamos com este mundo pátrio. Ele está em toda parte e em lugar nenhum. Ele está lá onde nós estamos. Nossa vida se torna pátria quando lemos contos de fadas. Mas, ao mesmo tempo, nossa pátria é em lugar nenhum. Não podemos prendê-la. Sempre escapa de nossas mãos.

Novalis não foi apenas poeta mas também filósofo que refletiu sobre muitos temas: "A filosofia é propriamente a nostalgia – impulso de estar em casa em todo lugar". Como a poesia, também a filosofia está repleta de nostalgia pela pátria. Novalis a chama de impulso de estar em casa em todo lugar.

Quando medito sobre o mundo e quando descubro no meditar o real e verdadeiro, então estou em casa em qualquer lugar.

Lá onde desabrocha em meu pensamento o mistério, surge o lar da pátria. Pois estar em casa só é possível onde mora o mistério.

Sedento de amor

Goethe também viu a conexão entre desejo e amor. Ele dá o título de "Desejo sagrado" a um poema em que podemos ver sua aproximação da poesia islâmica.

> Não o digas a ninguém, só aos sábios,
> Porque a turba imediatamente zomba.
> Quero exaltar a vida
> Que deseja a morte pelo fogo.

No refrigério das noites de amor,
Que te gerou, em que tu geraste,
Sensação estranha te sobrevém,
Quando brilha a vela silenciosa.

Não ficas mais encerrado
No sombreamento das trevas,
Novo anseio te arranca
Para superior acasalamento.

Nenhuma distância te faz difícil,
Vens voando e fascinado,
E finalmente, ávido de luz,
Ficas queimado qual mariposa.

E enquanto tiveres
Este: morre e sê!
És apenas um hóspede sombrio
Sobre a terra escura[8].

Goethe fala do amor erótico, do ato sexual do ser um. Mas no amor sexual há uma aspiração por algo maior, um querer mais. A pessoa que se torna una no amor com o(a) amado(a) sente-se qual mariposa que procura a amplidão sem fim e a luz com a qual gostaria de se unir. Sedenta de amor, lança-se sobre a chama para tornar-se uma com ela, com o todo.

8. Texto original alemão: Sag es niemand, nur den Weisen, / Weil die Menge gleich verhöhnet, / Das Lebendge will ich preisen, / Das nach Flammentod sich sehnet. // In der Liebesnächte Kühlung, / Die dich zeugte, wo du zeugtest, / Überfällt dich fremde Fühlung, / Wenn die stille Kerze leuchtet. // Nicht mehr bleibest du umfangen / In der Finsternis Beschattung, / Und dich reisset neu Verlangen / Auf zu höherer Begattung. // Keine Ferne macht dich schwierig, / Kommst geflogen und gebannt, / Und zuletzt des Lichts begierig, / Bist du Schmetterling berbrannt. // Und so lang du das nicht hast, / Dieses: Stirb und werde! / Bist du nur ein trüber Gast / Auf der dunklen Erde.

A mariposa já foi usada como símbolo da dimensão mística da pessoa ao tempo de Santa Teresa d'Ávila; expressa o desejo do ser um com Deus. Este tornar-se um passa pelo domínio sobre o próprio eu. O desejo sagrado de que fala Goethe é, em última análise, o desejo por Deus. Goethe gosta de falar de "para o alto". O ser humano levanta seus olhos para o alto, para o céu de onde lhe vem auxílio. Num de seus colóquios, Goethe explica este modo de ver o desejo como sendo essencial ao ser humano:

> O ser humano, por mais que se veja atraído pelos milhares e milhares de fenômenos, levanta sempre o olhar esperançoso para o céu que se abre sobre ele em espaços incomensuráveis, porque sente clara e profundamente em si que é um cidadão daquele reino espiritual, diante do qual não podemos recuar nem perder a fé.

Goethe leva a sério o aprisionamento terreno do ser humano. Mas vê ao mesmo tempo o ser humano munido de um desejo infindo que o leva a erguer desejosamente seu olhar para o céu. O ser humano não é apenas habitante desta terra, mas também do reino do além. E só quando percebe em si esses dois lados, consegue ser perfeitamente pessoa humana.

Goethe vê esses dois polos sempre juntos. Precisaríamos hoje de uma visão que abrangesse toda a figura humana.

Pois só quando olhamos para o todo do humano, para sua terrenidade e sua transcendência deste mundo, faremos justiça a ele.

O amor em nosso coração

Todas as pessoas desejam amar e ser amadas. Ouço sempre de novo pessoas se queixando de que ninguém as ama, de que não têm ninguém que as tome nos braços e que as afague carinhosamente, que lhes consagre total amor e que as considere a pessoa mais importante do mundo. Quando este desejo não encontra eco, ficam presas na autocompaixão.

Podem então as palavras do poeta francês Antoine de Saint-Exupéry, que figuram em uma de suas cartas, soar surpreendentes: "Já lhe disse que o desejo de amar já é amor".

O desejo de amor já é amor? Esta frase tem na verdade algo de consolador quando se examina a fundo sua verdade. No desejo de amor expresso que sou capaz de amar. O desejo de amor já contém, portanto, amor. Experimento no desejo o amor pelo qual anseio. Mesmo que não possa sentir o amor, posso contudo sentir o desejo. Posso colocar minha mão sobre o coração e sentir o desejo de amor que aflora nele.

Peter Schellenbaum mostrou sempre em seus livros a íntima conexão entre desejo e amor. Não há amor sem desejo e não há desejo sem amor. Nós também reunimos desejo e amor no mesmo lugar do corpo, ou seja, no "meio do peito à altura do coração, lá onde comprimem suas mãos aqueles que sofrem de amor e de desejo". Com este gesto, damos a entender que em nosso coração está fluindo aquele amor que tanto desejamos.

É precisamente a tensão do desejo que torna o amor valioso e o impregna de uma profundidade insondável. Quando a felicidade do amor e o sofrimento indizível do desejo se encontram tão unidos, isto mostra também que o amor aponta sempre para além dele. Nele desejamos sempre também o amor absoluto e incondicional, o gozo eterno que nenhum parceiro terreno, nenhuma parceira terrena pode proporcionar.

Paixão

O filósofo Georg Wilhelm Friedrich Hegel escreveu: "Nada se realizou de grande sem paixão e nem pode ser realizado". O psicólogo Philipp Lersch chama as paixões de grandes esforços que levam a pessoa humana a superar-se. No forte impulso que leva a pessoa a fazer alguma coisa está unido o desejo com a paixão. Ambos os elementos são ingente força motivadora que pode ser empregada positiva ou negativamente.

Os monges primitivos consideravam as paixões como pensamentos carregados de emoções, estímulos e forças que embaraçavam as pessoas. Por isso fazia parte decisivamente da vida espiritual lidar bem com as paixões – usá-las no caminho para Deus, ver atrás dos apetites o desejo e empregá-lo positivamente.

A sofreguidão é determinada por três impulsos básicos: comer, sexo, busca por bens materiais. São impulsos que o ser humano precisa para a vida. Mas eles também podem dominá-lo. O comer torna-se então glutonaria, a sexualidade vira luxúria e a busca por bens materiais, pura cobiça. Em hipótese alguma deveríamos perder de vista a dimensão espiritual desses impulsos. No comer expressa-se, em última análise, nosso desejo de ser um com Deus. Na sexualidade está o desejo do êxtase – a meta do caminho espiritual é tonar-se um com Deus no êxtase do amor. E a posse de bens materiais é o desejo de repouso; mas verdadeiro repouso só teremos em Deus.

Repouso sagrado

Em nosso tempo frenético, as pessoas desejam repouso. Gostariam de fugir finalmente das estranhas pretensões que ameaçam dilacerá-las. Gostariam de desligar-se para não mais ser dirigidas pela agitação de todo dia. Algumas pessoas acham que esse repouso é contrário ao desejo. Pois, quando fico em repouso, estou satisfeito comigo mesmo(a). Deixo de ansiar por lar e aconchego, por amar e ser amado(a). Mas o poeta romântico Friedrich Schlegel considera desejo e repouso uma unidade. Em seu romance *Lucinde*, a amiga pergunta ao amigo: "Júlio, por que sinto o desejo profundo num repouso tão feliz?" – "Só encontramos o repouso no desejo", responde Júlio. "Sim, o repouso só existe quando nosso espírito não é perturbado para desejar e procurar lá onde não pode encontrar nada maior do que o próprio desejo". Assim, o espírito não entra em repouso quando não pensa mais nada nem quer mais nada, mas quando tem desejos. É um paradoxo: quando o espírito tem desejos, isto é, quando se estica para alcançar o que o ultrapassa, experimenta repouso. Friedrich von Schlegel fala de repouso sagrado, um repouso que atinge o sagrado. Júlio acha este repouso sagrado somente no desejo. E Lucinde lhe responde: "E eu acho neste maravilhoso repouso aquele desejo sagrado".

Caminhar e permanecer

> Esta é a minha luta:
> Consagrado pelo desejo, vagar pelos dias afora.
> Então forte e vasto, com milhares de pequenas
> raízes

Entrar fundo na vida.
E através do sofrimento amadurecer para fora da vida
Para fora do tempo[9].

É uma imagem incomum que Rainer Maria Rilke desenha aqui da vida humana: estamos destinados a viver cheios de desejos nossos dias; sim, somos consagrados ao desejo. Portanto, o desejo é algo sagrado. Assim como nos consagramos a Deus, somos consagrados ao desejo. No desejo somos tocados por Deus. Mas este estar consagrado, este ser santificado pelo desejo nos leva a vagar pelos dias afora, sem nos prender a nada, sempre a andar para frente.

Este é um dos polos de nossa vida.

O outro polo consiste em lançar raízes neste mundo. Devemos enraizar-nos na vida, penetrar fundo no chão de nossa vida. Mas a árvore que brota das raízes cresce para além desse tempo presente.

Para Rilke, é o sofrimento que faz amadurecer a nossa árvore. Ele nos mostra que não temos qualquer fundamento último. A árvore de nossa vida se projeta para além de nosso tempo, para a eternidade. Temos de viver nesta tensão: entre o desejo que nos leva sempre a caminhar e a necessidade de fixarmos raízes.

O paradoxo de nossa vida consiste em que as raízes que lançamos neste mundo nos levam para além dele. Assim como a árvore enterra suas raízes bem fundo na terra para es-

9. Texto original alemão: Das ist mein Streit: / Sehnsuchtgeweiht durch alle Tage schweifen. / Dann, stark und breit, mit tausend Wurzelstreifen / Tief ins Lebem greifen / Und durch das Leid weit aus dem Leben reifen, / Weit aus der Zeit.

tender sua copa sempre mais alto para o céu, também nós criamos raízes profundas na vida para crescer ao encontro do além, do divino.

Caminhar e permanecer – ambos são expressão de nosso desejo e de nosso sofrimento neste mundo e que nunca conseguem satisfazer o nosso desejo.

Conservar um coração de caminheiro

Estar a caminho, esta é uma das imagens primitivas da vida humana. Somos caminheiros que, ao andar, sempre mudam. Não podemos ficar parados. Muitas vezes, porém, gostaríamos de nos desfazer do coração de caminheiro e nos fixar neste mundo. Construímos uma casa e achamos que nela podemos estar e ficar à vontade. Mas nenhuma casa pode oferecer-nos verdadeiro aconchego. É sempre apenas um lar para certo tempo. Ainda que fiquemos sempre no mesmo lugar, continuamos caminheiros. No monacato primitivo houve monges que andaram o tempo todo de sua vida. Queriam expressar com isso que nossa vida é um contínuo caminhar para Deus. São Bento, porém, acentua a *stabilitas*, num lugar fixo. Contudo, levou a sério a ideia da caminhada interior. Seus monges entenderam o silêncio como um movimentar-se para fora do mundo. *Peregrinatio est tacere*, diziam eles: "A peregrinação é ficar em silêncio". Sabiam que o homem estagna interiormente se abandona o coração de caminhante. Ainda que moremos sempre no mesmo lugar, vivamos sempre na mesma família, trabalhemos na mesma empresa, precisamos ter um coração de caminhante para continuarmos a ser pessoas. O silêncio é uma possibilidade de migrar sempre de novo para fora da tagarelice que nos cerca.

"Conserve o coração de caminheiro. Proteja seu desejo", eis um conselho de Gisela Dreher-Richels.

Para que o coração de caminheiro fique vivo em nós, precisamos proteger o nosso desejo. Como? O desejo não nos é dado naturalmente com a nossa natureza humana? Por que devo então protegê-lo? Certamente a autora referida acha que nosso desejo está ameaçado. Quando nos instalamos por demais aqui, quando nos entretemos por demais com o provisório e aparente, pode ficar soterrado. Mas, como proteger o desejo? Gisela Dreher-Richels dá três conselhos:

> Abandone até mesmo o belo, se ele o prende.
> Não durma por tempo longo demais em muralhas fortificadas.
> Aninhe-se apenas como ave de arribação, desejosa de outras terras.

Tudo o que nos prende, o desejo o pode soltar. Devemos sempre de novo parar em nosso caminho para desfrutar da beleza deste mundo. Mas não devemos nesse ato perder o desejo. A beleza que contemplamos aponta para a absoluta e inexcedível beleza de Deus. Precisamos continuar o caminho, procurando essa beleza que brilha para nós continuamente.

Em muralhas fortificadas dorme quem acha que se pode garantir contra tudo. Nada poderia acontecer-lhe. Embala-se no sono e ignora a ameaça do ser humano. Não gostaria de vê-la. Dorme contra a morte. Nós só podemos dormir a caminho para descansar. Então o desejo se manifestará em palavras no sono através de sonhos que alargam o nosso coração e nos mandam caminhar de novo.

Somos aves de arribação. Nosso ninho é apenas um ninho por certo tempo. Estamos a caminho de outra terra.

Jesus deu a entender isto a seus discípulos numa comparação: "As raposas têm suas tocas e os pássaros do céus, ninhos, mas o Filho do homem não tem onde repousar a cabeça" (Lc 9,58). Quem quiser seguir a Jesus deve conscientizar-se de que não tem morada fixa por aqui nesta terra, não tem toca nem ninho onde possa refugiar-se para sempre. Está a caminho até que encontre sua casa eterna.

Somos aves de arribação, mas não filhotes no ninho, aves de arribação que "estão saudosas de outras terras", para estas dirigem seu olhar e para lá voam.

Até que nosso coração repouse

Para Santo Agostinho, o grande pensador da cristandade primitiva, o desejo é o fundamento existencial do ser humano. Ele sabe: toda plenitude e provisoriedade exige o infinito, o definitivo, o eterno. O próprio Deus colocou em nosso coração o desejo da eterna comunhão com ele. Se queremos ou não, em tudo o que procuramos com paixão desejamos, em última análise, encontrar Deus. Se aspiramos com todas as forças à riqueza, a posse dela não satisfará nosso desejo. Na procura da riqueza está o desejo de repouso. Mas o fatal é que os haveres nos tornam possessivos e nos levam a maior desassossego ainda. Quando procuramos o sucesso, esconde-se atrás disso o desejo de sermos valorizados. Mas sabemos também que nenhum sucesso consegue satisfazer o nosso desejo. Nosso verdadeiro valor, nós só o encontramos em Deus. No fundo, cada pessoa deseja ser amada e também amar. Basta ler os jornais para ver quantos desses desejos ficam insatisfeitos ou que terminam na solidão e no desespero. E, apesar disso, está em cada pequeno amor, também no amor totalmente sexual, o desejo do amor absoluto. Todos conhecemos a célebre frase de Santo Agostinho: "Inquieto está o nosso coração até que repouse em ti, ó Senhor". O ser humano está repleto de uma fome insaciável da morada absoluta, de proteção ilimitada, do paraíso perdido. Mesmo quando o desejo humano aponta externamente para outras metas, a última é sempre o infinito. Também em pessoas que não se denominam a si mesmas de piedosas ou crentes este desejo palpita por mais, pelo totalmente outro, por aquilo que unicamente satisfaz. Quando seguimos em pensamento nossos anseios e desejos até o fim, encontraremos ao final sempre o desejo por Deus. Santo Agostinho o procurou durante toda a vida: primeiro no relacionamento com uma mulher, depois na filosofia, na ciência, no sucesso, na amizade. E, ao final, teve de confessar que a última meta de sua busca era Deus. Só depois de tê-lo encontrado, sua alma entrou em repouso. Ele disse de si mesmo: "Eu não acredito que possa encontrar algo que mais deseje do que Deus".

Simples demais?

O desejo da unidade expressa-se hoje também no desejo da simplicidade. Para muitas pessoas, a vida tornou-se complicada demais. Desejam uma vida mais simples. Isto não é só uma ideia que os românticos difundiram. Ainda hoje este desejo da simplicidade se manifesta no estilo de vida de muita gente. Simplificar a vida tornou-se uma palavra corriqueira. O pastor evangélico Tiki Küstermacher liga à ideia de "vida mais simples" também um ideal: "vida mais feliz". Seu livro *Simplify your Life* (*Simplifique sua vida*) tornou-se um *best-seller*. Aconselha os leitores a simplificar sua vida, a descomplicar os relacionamentos, a desentulhar a casa, a desacelerar o tempo e achar-se na simplicidade. Isto deve ser realmente bem acolhido e pode, de fato, aliviar muita gente a se descartar dos pesos inúteis e procurar o essencial em suas vidas.

Contudo, o desejo fundamental de simplicidade pode assumir também formas perigosas. Pelo fato de o mundo tornar-se cada vez mais complicado e as respostas às difíceis questões de nosso tempo serem sempre mais variadas, muitas pessoas anseiam por respostas simples. Correm atrás de gurus que lhes deem respostas simples às suas perguntas e expliquem o mundo em alguns pensamentos básicos. O desejo dessa simplicidade seduz também pessoas aparentemente instruídas. Não raro mostram sua inteligência e vendem, além disso, seus postulados. No Terceiro Reich, uma cosmovisão étnica e nacionalista empurrou muitos intelectuais para as mãos de Hitler. Também a ideologia marxista encantou pessoas inteligentes com modelos simples de explicação do mundo. Hoje em dia, este desejo de uma explicação mais simples do mundo leva muitas pessoas a cair na rede das seitas. A estrutura é sempre a mesma: abre-se mão do pensamento próprio. A responsabilidade é delegada para outra instância. A liberdade é procurada na autorrenúncia.

É também um desejo primitivo em nós pensar com liberdade. Mas obviamente muitas pessoas não podem fazer nada com essa liberdade. Elas sonham com a simplicidade do passado. Mas as respostas simples limitam nosso pensamento e nos roubam a liberdade. Recentemente conversei com um jovem que pertencia a uma seita cristã. Sua mãe o havia mandado a mim porque não se entendia mais com ele. Ao discutirmos sobre algumas passagens da Bíblia, percebeu naturalmente que não conseguia grande coisa com suas interpretações pré-fabricadas. Como teólogo, eu sabia mais da Bíblia do que ele. Quando percebi que tinha para tudo respostas simples, de antemão preparadas, eu lhe disse: "Você pode pensar o que quiser. Isto é um direito sagrado seu. Não desejo convertê-lo de forma alguma. Mas uma coisa não posso aceitar: se a gente não pode mais pensar, isto é para mim a maior limitação do ser humano. E isto certamente não tem nada a ver com o espírito de Jesus. Jesus não copiou simplesmente as ideias dos outros, mas usou sua própria inteligência e tudo examinou com seus próprios olhos". Karl Rahner disse certa vez que a preguiça de pensar não era dom do Espírito Santo. É claro que todos nós desejamos afirmações claras e soluções simples. Mas o perigo do desejo de respostas simples é que o ser humano abandone seu pensar porque é cansativo para ele refletir sobre a complexidade da realidade. Com isso abre mão também de sua liberdade. Quem suprime seu pensar não entra em sintonia consigo mesmo nem com o mundo. Ao contrário: corre o perigo de tornar-se uma pessoa singular que será manipulada à vontade.

Viver em vez de ser vivido

Reconhecer atrás do meu vício o desejo, transformar o vício em desejo – este é o primeiro passo de se livrar de um vício. Então há necessidade também de disciplina. Mas, exatamente porque meu desejo me ensina a aceitar a realidade como ela é, ele requer disciplina. Nela está a palavra *discípulo*. Faz parte da minha vida que eu seja um constante discípulo, um aprendiz. O vício prolonga a situação de ser acarinhado e do colo da mãe. A disciplina me introduz na vida. Ela me ensina a tomar a minha própria vida nas mãos, a lidar com ordenamentos precisos.

No latim, disciplina significa a doutrina, o ensinamento, mas também o controle, a ordem e o método com o qual abordo alguma coisa. Alguns acham que vem de *discere* = aprender. Mas provavelmente a raiz é *capere* = tomar, pegar. *Dis-cipere* significa então dividir em partes para entender, para ver o que nelas existe. A disciplina não é algo passivo ao qual me submeto, mas algo ativo. Eu tomo minha vida nas mãos. Eu considero e reflito como posso articular tudo de tal forma a que possa viver realmente, a que eu mesmo *viva* em vez de ser vivido.

Pelo fato de disciplina e ordem terem sido antigamente exageradas, desprezamos por décadas a disciplina. Achávamos que era possível viver sem ela. Mas assim abandonamos algo da sabedoria antiga de vida. Uma máxima dos monges era esta: "Quem luta sem método luta em vão". Para progredir no caminho do aprendizado e do crescimento, deve haver métodos claros. O psicólogo John Bradshaw considera que a disciplina é a arte de minorar o sofrimento da vida. Sem disciplina, o ser humano sofre consigo mesmo, sofre com sua confusão interior e exterior. Hildegard von Bingen diz que a disciplina deveria nos levar a nos alegrar sempre e em toda parte. Na disciplina aprendemos a tomar nossa vida nas mãos e a dar-lhe forma.

Os gregos falam de *askesis*. Ascese é o ensaio, o treino. O esportista treina para conseguir seu objetivo. O filósofo se treina na liberdade interior. O conhecimento do desejo por trás do vício não basta. O vício, não se o muda sem ascese. E ascese não é simples renúncia, mas um treino consciente da liberdade interior. Disso faz parte também a renúncia. Sem renúncia, dizem os psicólogos, a criança não pode desenvolver um eu forte. Quem precisa satisfazer de imediato suas necessidades não crescerá jamais. Preciso suportar minha escassez. Então desenvolverei minhas capacidades. A ascese me dá a sensação de não ser apenas vítima de minha educação, mas de formar a minha própria vida. A ascese dá prazer à vida. Sinto prazer em me treinar, fazer sair de dentro de mim as minhas capacidades. Sem este prazer na vida não se pode vencer o vício. Só quem aprende na ascese a adiar uma necessidade pode realmente sentir prazer. A ascese intensifica o prazer, ao passo que o vício nos impede de sentir realmente prazer.

Amarre seu carro numa estrela

Quem dirige um carro precisa prestar muita atenção na estrada. Caso contrário, o carro pode tombar. Nós andamos para frente com o carro e olhamos para baixo, a fim de enxergar os empecilhos que estão na estrada. Leonardo da Vinci nos dá outra sugestão: "Amarre seu carro numa estrela". O que significa amarrar numa estrela as coisas diárias que fazemos? Este grande e genial artista da Renascença está convencido de que precisamos orientar-nos pelas estrelas e não pelo chão. Caso contrário – acredita ele – ficaremos cegos. O próprio Leonardo amarrou o seu carro numa estrela. Isto possibilitou-lhe enxergar para além do estreito horizonte do seu tempo. Leonardo não foi apenas um pintor genial, cujo quadro da Última Ceia já era considerado uma maravilha em sua época. Fez também descobertas geniais com sua capacidade de observar a realidade com outros olhos. Fez pesquisas em todos os campos do saber: anatomia, botânica, zoologia, geologia, hidrologia, aerologia, ótica e mecânica. A estrada na qual havia amarrado seu "carro" levou-o para muito além do que era conhecido e reconhecido na época e fez dele um precursor da moderna pesquisa em ciências naturais.

Quando, como Leonardo, amarramos nosso carro numa estrela, evitamos o perigo de viver apenas na banalidade e mediocridade de nosso dia a dia. Contudo, precisamos tocar para frente o carro a fim de levar nossa carga para onde a podemos descarregar. Mas, se em nosso dia a dia só olharmos para o chão, nossa vida ficará triste. Precisamos viver no mundo com um coração que aponte para além deste mundo. Só então podemos suportá-lo. E só então nosso trabalho não nos frustrará. Quem puxa o carro para fora da lama ficará possivelmente frustrado quando, após pouco tempo, novos empecilhos aparecerem.

Mas quem amarra seu carro numa estrela enxerga para além dos empecilhos e não fica preso a eles. Sua meta está além do aparente e do banal. Por isso pode puxar com serenidade e liberdade seu carro para frente. Pelo fato de seu coração estar preso numa estrela perde o torpor do dia a dia. Torna-se leve. Ergue-se acima dos empecilhos diários com a serena convicção de que há uma estrela que o ilumina e que aponta para outro horizonte, para uma terra do além.

O desejo não é fuga do dia a dia. Ele nos possibilita dizer sim à mediocridade e banalidade de nossa vida. Nem a nossa profissão, nem a nossa família, nem o(a) nosso(a) companheiro(a) e nem os nossos amigos e amigas precisam incansavelmente satisfazer o nosso desejo. Eles despertam, antes, nosso desejo de uma realização que a vida aqui jamais nos pode oferecer. Mas, pelo fato de não procurarmos aqui a realização, não ficamos frustrados quando encontramos a fragilidade em nossos relacionamentos e em nosso agir. Prosseguimos. Temos prazer no que vivemos, mas o caminho nos leva adiante, através da realização e da frustração, para o lugar onde gozaremos para sempre da plenitude sem limites.

IV

Maior do que o nosso coração

O salto para a amplidão

Há mais ou menos trinta anos, participei certa vez de um *Sensivity-Training*. Ali entrei em contato com meus próprios e também reprimidos sentimentos – e com as necessidades não satisfeitas de minha infância. Isto desatou em mim uma crise. Sentia profunda decepção e tinha a sensação de haver sido prejudicado em minha vida. Mas algum tempo depois, sentado sozinho durante as férias numa praia e contemplando as ondas do mar, sobreveio-me de repente profunda paz. Consegui ficar de acordo com todas as necessidades não satisfeitas e dizer para mim: "É bom que você não tenha ficado saciado. Isto o mantém desperto e vivo, isto o mantém aberto para Deus. De outro modo, talvez você se tivesse aburguesado e vivido apenas sofrivelmente satisfeito. Mas jamais teria descoberto sua verdadeira vocação".

Vejo hoje minha vocação nisso e assim: manter vivo o desejo em meu coração a fim de ficar aberto para Deus e a fim de que meu coração se torne sempre maior para as outras pessoas. E é o desejo que torna o coração grande. Também para com as outras pessoas. O coração grande tem espaço para as outras pessoas. Ele não condena. Experimentou e aceitou a vida com suas desilusões e decepções. Mas nem por isso se contraiu. Aproveitou as decepções como chance para encontrar o salto a ser dado para um mundo maior.

Há muitos modos de se reconciliar com as ofensas sofridas em nossa vida. Se eu entender as feridas de minha história de vida como estimulantes de meu desejo, posso reconciliar-me com elas. Continuam sendo feridas. Também continuarão a doer. Não mergulho, porém, em autocompaixão, mas digo a mim mesmo(a): "A ferida dói. Mas na dor entro em contato com meu desejo de verdadeira cura, de ficar sarado e íntegro definitivamente". Fico livre assim da pressão de ter de trabalhar minhas feridas de tal modo que não apareçam mais. Elas têm autorização para se manifestar dentro de mim. Elas me lembram sempre o desejo que está em mim.

E elas me põem em contato com meu coração, no qual mora este desejo. O coração está vivo, é grande e cheio de amor exatamente por causa do desejo.

Só quem enfrenta honestamente sua situação, para este também crescerá o desejo – como força de fugir da própria estreiteza. A espiritualidade não é outra coisa.

Para mim, a espiritualidade consiste em seguir o rastro de minha própria vida, em confiar em meu desejo, examiná-lo a fundo e deixar-me levar por ele para a amplidão e a liberdade, para o amor e a vida toda.

Sem lar, sob o aspecto religioso

Hóspedes que chegam ao nosso mosteiro para viver alguns dias conosco contam-me frequentemente que perderam seu lar religioso. Não se sentem em casa junto à sua comunidade paroquial. Algumas pessoas até se afastaram da igreja porque lá não encontraram mais um lar. Contudo, continua vivo nelas o desejo de um lar religioso. Desejam contatar pessoas que trilham um caminho espiritual e que as apoiem em seu próprio caminho. Desejam uma liturgia na qual se sintam em casa, em que sejam interpeladas e tocadas em seu coração, e na qual possam ser como são, com seus lados de luz e de sombra. Muitas vezes, porém, tiveram de fazer a experiência contrária: sentiram-se condenadas. O tom moralizante da homilia dava-lhes a impressão de que não eram pessoas boas assim como eram. Fizeram a experiência de serem bem-vindas em sua igreja só depois que mudaram seu modo de ser. Seu desejo de um lar religioso anima-as a procurar um espaço religioso em que entrem em contato com seu próprio desejo espiritual, em que se sintam levadas a sério com sua fé e dúvidas, em que se saibam aceitas em sua busca e luta.

Percebo esse desejo de um lar religioso em muitas pessoas. Não é qualquer desejo de fé infantil, ou do mundo religioso absolutamente límpido da infância. É, antes, um desejo que olha para frente, o desejo de que o coração se torne grande, aberto para Deus e para o mistério. E é o desejo de que seu coração seja tocado por Deus, de que o pressentimento interior do coração seja abordado na maneira como é celebrada a liturgia e se fala de Deus e das pessoas. Muitas vezes me dói ver que para muitas pessoas a igreja não é mais um lar religioso. E eu considero minha tarefa manter aberto, por meio de conferências e livros, um espaço em que se sintam em casa, em que descubram o mistério que as faz terem seu lar.

Um caminho para um coração grande

Muitas pessoas sentem saudades hoje em dia de uma espiritualidade sadia. De uma espiritualidade que não é pessimista nem moralizante-ameaçadora. De uma atitude humanitária e otimista, que vá ao encontro da pessoa onde ela estiver. Isto significa concretamente: muitas pessoas sentem-se hoje internamente dilaceradas. Muitas pessoas quase não conseguem virar-se com suas angústias e humores depressivos. Procuram por uma força que as leve adiante. Por uma fé que as apoie e mantenha num espaço em que suas angústias e incertezas já não tenham poder. Do que menos precisam é de condenações ameaçadoras. Percebo sempre de novo: há pessoas que se condenam a si mesmas. Acham que precisariam na verdade ser mais maduras, ou, segundo o dizer comum, ser mais piedosas. Estas pessoas não precisam de um dedo moralizador. Necessitam de bem-querer. Precisam de experiências e de lugares que lhes digam: isto me faz bem. Isto faz bem a meu coração e a minha alma. Aqui encontro alimento para meus desejos mais profundos e mais autênticos. Neste caminho posso continuar. Ele conduz à liberdade.

A espiritualidade leva sempre à amplidão e à liberdade. Medo e estreiteza, insistência autoritária em verdades da fé e o exercício confuso da autoridade são sempre sinais de falta de espiritualidade. Espiritualidade é experiência. Ela nos quer levar à experiência de uma liberdade interior, à experiência de que estamos neste mundo, mas de que não somos dele, de que ninguém tem poder sobre nós, porque possuímos um cerne divino. Isto é mistagogia: iniciar a pessoa que deseja hoje uma experiência espiritual na experiência de Deus indizível e assim proporcionar-lhe sua verdadeira dignidade. Pois a pessoa só se torna pessoa quando flui nela a vida de Deus. O encontro desse mistério leva ao mistério da própria vida.

É importante também que as pessoas percebam: pode ser assim como é. E que então sintam a coragem de continuar perguntando: como lidar com minhas fraquezas? Como posso, em última análise, reconciliar-me com minha história de vida? O acompanhamento espiritual é importante. Ele conduz a um caminho em que experimento as duas coisas: aqui encontro a mim mesmo(a) e passo além de mim. É um caminho de liberdade e de vida. São Bento de Núrsia disse: "O caminho espiritual leva ao coração grande". Não é o coração estreito, mas o coração grande que é um sinal de verdadeira espiritualidade.

Vasto também na estreiteza

Uma história antiga conta sobre um monge que de repente foi tomado pela vontade de ir pelo mundo afora. Pediu uma licença de três meses para ir à grande cidade. Queria fugir dos apertados muros de seu mosteiro, da estreiteza de sua comunidade na qual sempre afloravam os mesmos problemas. Durante três meses queria ver o que acontecia no mundo. Quando voltou, seus confrades o cercaram, cheios de curiosidade, e perguntaram: "O que você viu?"

Tinham provavelmente o mesmo desejo que seu confrade que ousou quebrar o regulamento do mosteiro. Queriam partilhar daquilo que ele vivera. Escutando-o, queriam sentir algo do vasto mundo.

A resposta do confrade foi: "Vi muita coisa. Muita coisa de que não preciso".

O monge que quis seguir seu desejo de sair da vida do mosteiro sentiu, no mundo, que muita coisa não satisfazia o seu desejo. Depois que realizou seu desejo, nasceu dentro dele outra coisa: o desejo do autêntico e do essencial.

Às vezes temos de realizar um desejo para ver que sua realização não satisfaz o nosso desejo mais profundo.

Há pessoas que a vida inteira sonham com um outro mundo, mas não se atrevem a dar um passo na direção de seu sonho. Gastam toda sua energia apenas sonhando com o outro mundo. Aqui tem às vezes sentido realizar o sonho. Pois só então podemos reconhecer se ele é real ou irreal. Quando realizo aquilo que sinto como minha necessidade mais profunda, vou perceber provavelmente que nem de longe estou satisfeito. Pode ser que satisfaça todas as minhas necessidades – e assim mesmo meu desejo continua existindo. Isto sentiu o monge de nossa história. Ele satisfez sua necessidade de ver o mundo. Mas seu desejo do autêntico, do qual e para o qual queria viver, não foi satisfeito. Ao contrário, cresceu ainda mais. E esse desejo fez com que retornasse para a estreiteza do mosteiro. Sabia agora que a vastidão do mundo não torna necessariamente vasto. Quando o coração se tornou vasto pelo desejo, pôde conservar sua vastidão também na estreiteza de um mosteiro.

O resplandecer do infinito

O poeta irlandês John O'Donohue disse uma frase impressionante sobre a força transcendente de nossa alma: "A coisa mais bela que possuímos é nosso desejo; esta força interior da alma é de natureza espiritual e possui uma profundidade e sabedoria grandiosas". Para O'Donohue, é o desejo que santifica a pessoa e que lhe dá sua dignidade. Ele a santifica, isto é, ele a liberta do terror deste mundo. Ele lhe dá algo sagrado e inviolável. Segundo a concepção da filosofia grega, só o sagrado pode curar. Se isso for correto, então a pessoa que reprimir seu desejo ficará doente. Para sarar, precisará necessariamente do desejo. Mas o poeta irlandês sabe também que nós sobrecarregamos desejo quando o dirigimos para o divino que se encontra fora de nós. Cristo está em nós, diz a mística. Quando exageramos nosso desejo, quando o dirigimos para o distante e o impelimos só para o indeterminado, sobrecarregamos com isso nossa própria alma. Existe então o perigo de que o desejo não encontre sua meta e recaia em si mesmo. Torna-se então cínico e vazio. O desejo precisa de um objetivo. E este objetivo está ao mesmo tempo em nós e acima de nós. É o Deus que mora em nós, mas que também nos excede, que nos introduz no verdadeiro mistério de nosso ser. Trata-se de um movimento duplo, mas de uma única realidade. O desejo de amor aspira a uma experiência concreta de amor por meio de uma pessoa. Contudo, nesse amor concreto está simultaneamente o desejo de um amor maior, de um amor que abrange tudo.

Esse amor que tudo excede, nós já o encontramos no amor humano. Mas não nasce dele. O amor humano nos fascina, e no entanto é frágil e limitado. Apesar disso, resplandece nele algo do amor ilimitado pelo qual ansiamos em todas as experiências bem-sucedidas ou frustradas do amor humano.

Não alheado do mundo

Entre os grandes pensadores da unidade abrangente da realidade está Nicolau de Cusa, sem dúvida um dos maiores. Nicolau de Cusa foi um pensador corajoso do qual se pode dizer com razão: ele inaugurou uma nova era e, como filósofo, está no começo do pensamento moderno. Mas Nicolau foi também um místico. Reuniu os escritos de três místicos que tinham sido condenados pela Igreja: Scoto Erígena, Mestre Eckhart e Raimundo Lullo. Atribuiu a condenação deles a "olhos míopes" e a uma "falta de visão". Ele confiava em seu próprio desejo. E este o levava para além de todos os conceitos e imagens até a infinitude de Deus. Nicolau deixou-se guiar por seu desejo e assim pôde superar as estreitas concepções de sua época. "Tu, ó Deus, és a infinitude que percebo em todo desejo meu": assim soa uma breve oração que dele conhecemos.

Na douta ignorância (*docta ignorantia*), procurava este grande espírito aquele que supera todas as nossas concepções, o absolutamente Grande em que todos os opostos se unem (*coincidentia oppositorum*). O desejo o impelia a tornar-se um com este incompreensível e infinito Deus, a deixar para trás todo conhecimento para, "na escuridão do não saber", superar a si mesmo e alcançar a união com o Deus escondido e desconhecido. Só dessa forma – assim acredita Nicolau – seria totalmente ele mesmo. Na união com Deus experimentaria a união com seus próprios opostos. O Deus escondido, que se une a ele, diz: "Seja você seu, e então eu serei seu".

A confiança em seu desejo abriu também ao piedoso Cardeal Nicolau de Cusa um novo panorama do mundo e de sua múltipla realidade. Isto se aplica também a outras religiões e culturas.

Ele ultrapassou os limites de sua origem e da própria época ao estudar o Corão e nele procurar pontos em comum com a Bíblia. Com isso abriu horizontes totalmente novos para o diálogo, que são frutuosos até hoje. Num tempo politicamente conturbado, quando os turcos estavam para tomar Constantinopla e penetrar na Europa, não procurava os pontos divergentes e inamistosos, mas os pontos unitivos na diferença.

Essa abertura e disponibilidade também se referiam à sua percepção da natureza. Nicolau de Cusa levou a ciência tradicional à união com novos conhecimentos de matemática e das ciências naturais e com as observações astronômicas que ele mesmo fez. Ele superou a estreita imagem geocêntrica do mundo e falou, como primeiro do Ocidente, que a Terra não era um disco plano, que não era o centro inerte de tudo, mas que girava em torno do Sol. Copérnico, Kepler e Giordano Bruno assumiram sua teoria da imensidão do mundo.

Nicolau de Cusa nos mostra: o desejo não é alheado do mundo. Ele alarga o coração e o abre para uma realidade maior, para o Deus infinito. Mas também alarga a inteligência a fim de que ela ultrapasse as estreitas concepções, reconcilie diversidade com união e reconheça a grandeza do único Deus que se manifesta na multiplicidade da criação.

No pensar e agir deste homem de fé, culto e visionário, torna-se muito claro algo que também nós podemos sempre aprender: não precisamos conformar-nos com o mundo assim como ele é. Nosso desejo pode levar-nos a enfrentar os desafios produtivamente, a abrir portas, a ultrapassar limites e chegar a uma amplidão maior.

O incompreensível

Karl Rahner, um teólogo que me impressionou também como pessoa, entende o ser humano como alguém referido a Deus. “Em sua natureza mais profunda, o ser humano é desejo e necessidade”, diz ele. Em todo conhecimento, o ser humano ultrapassa o que está à disposição momentânea e adentra o vasto horizonte de Deus. Em todo encontro humano pressente algo daquele que é o verdadeiro tu do ser humano, em que o ser humano encontra seu próprio eu. Segundo Rahner, o ser humano não pode ser pensado sem Deus. Pois em todos os procedimentos de sua existência, no ato de amor, na manifestação de sua liberdade, no ato de conhecer, em sua morte, ele ultrapassa a si mesmo e entra em sua realidade pleno de mistério. E assim, para esse teólogo, o ser humano é em sua natureza mais profunda desejo e necessidade. Precisa de Deus para tornar-se plenamente humano. E está cheio de desejo por aquele sem o qual não pode entender sua humanidade.

Karl Rahner estava repleto do desejo pelo Deus incompreensível. O teólogo Rahner sofreu continuamente por causa da estreiteza do pensamento da Igreja. Mas também sofreu em si mesmo, porque, apesar dos constantes esforços para chegar a uma teologia compreensível, fracassou sempre de novo em traduzir para uma linguagem compreensível às pessoas o mistério incompreensível.

Há trinta anos escrevi minha tese de doutorado sobre a dogmática de Karl Rahner e li todos os seus escritos que havia publicado até então. Certa vez, eu o visitei e ficamos discutindo uma tarde inteira sobre sua teologia. Fiquei impressionado com a simplicidade e honestidade desse grande homem que buscava Deus. E senti que sua teologia era mais do que uma elaboração científica de nova conceituação. Era uma tentativa de expressar seu desejo pelo Deus incompreensível. Quando sofria em si mesmo e por causa de sua deficiência, quando se percebia incompreendido e só, isto era para ele ocasião de desejar ainda mais fortemente o Deus que se revelou como amor incompreensível precisamente no abandono e solidão da cruz. Repetia sempre que o importante era abandonar-se ao amor infinito de Deus, capitular diante do Deus muitas vezes obscuro e incompreensível e entregar-se a Ele. Este era seu desejo mais profundo. E eu consigo entender muito bem este desejo. Apesar de todos os esforços de escrever corretamente sobre Deus e as pessoas humanas, sinto sempre de novo minha incapacidade. Como Karl Rahner, desejaria experimentar este Deus sobre o qual só sei balbuciar e tornar-me um com ele na capitulação do amor.

Acender a chama

"Nós precisamos acender a chama, custe o que custar. A qualquer preço temos de renovar em nós o desejo e a esperança pela grande vinda." O jesuíta e cientista francês Teilhard de Chardin dirige esta exortação a seus leitores. Podemos sentir nela a paixão espiritual que o movia. Estava imbuído de um amor apaixonado pela matéria e também por Deus. Sua vinda ele queria sentir no coração do mundo. Não se colocava diante da realidade por ele pesquisada como se fosse um dado objetivo. Para este mundialmente famoso paleontólogo, a matéria está repleta do espírito e do amor de Deus. A evolução caminha sempre mais para a amorização, isto é, para um perpassar do mundo pelo amor de Jesus Cristo. Nele o amor de Deus se fez carne e quer transformar radicalmente sempre mais este mundo.

Teilhard nos exorta a acender a chama do desejo dentro de nós. Ele o levou a investigar apaixonadamente com todas as pessoas pesquisadoras o mistério deste mundo e a descobrir em toda parte o mistério divino. O amor a este mundo e sua compreensão da evolução fizeram com que entendesse de maneira totalmente nova a mensagem bíblica da vinda de Cristo no fim do mundo. Para ele, a evolução caminha para o Ponto Ômega, para o centro transcendente do mundo.

O desejo que movia Teilhard não era qualquer fuga do mundo. Ao contrário, ele o levava cada vez mais fundo para dentro do coração da matéria. Tornou-se assim uma figura da esperança para muitas pessoas que se haviam afastado do cristianismo. Pois podia mostrar-lhes que sua procura não precisava significar fuga do mundo, mas que, ao contrário, continha um amor apaixonado pela matéria na qual Deus se encarnou através de seu Filho, para levá-la sempre mais à união com ele.

Não se pode cobrar

A religião bíblica vive do desejo. O fundador da "teoria crítica" e da Escola de Frankfurt, Max Horkheimer, vê em sua raiz judaica, que sempre manteve conscientemente, uma razão para também, enquanto filósofo, estudar teologia. Por teologia não entende, porém, a ciência sobre Deus, mas "o desejo de que o assassino não possa triunfar sobre a vítima inocente". Para ele, a religião tem uma tarefa essencial neste mundo. Ela deve "conscientizar as pessoas de que são criaturas finitas, que precisam sofrer e morrer, mas que acima do sofrimento e da morte está o desejo de que esta existência terrena não é absoluta, não é a última". Horkheimer fala do desejo pelo totalmente Outro. Não é possível representar-me ou ter uma ideia exata de Deus. E como judeu defendia o mandamento veterotestamentário de que não se deve fazer para si qualquer imagem de Deus, "de que Deus não é representável, mas que esta não representabilidade é o objeto de nosso desejo". A religião tem a tarefa de manter vivo o desejo pelo totalmente Outro. O desejo exige formas concretas de expressão. Ao celebrar sua liturgia na igreja ou na sinagoga, a pessoa, ao observar os mandamentos de Deus, mantém vivo seu desejo pelo totalmente Outro. Por isso Horkheimer tem uma atitude cética quando a religião se adapta por demais aos padrões do mundo. "Não se pode secularizar a religião, se não se quiser abandoná-la". Precisa-se do fechado, porque é exatamente isto que mantém desperto o desejo nesta nossa sociedade.

O desejo pelo totalmente Outro não é fuga da realidade. Para Horkheimer é, antes, "o desejo da justiça perfeita. Mas esta jamais pode ser obtida na sociedade secular". A religião como desejo de justiça perfeita é, pois, um estímulo pra lutar por este mundo. Mas critica ao mesmo tempo toda tentativa de já querer realizar aqui a justiça absoluta.

Para Horkheimer não existe amor sem desejo. O desejo mantém vivo o amor. "O amor se funda no desejo, no desejo pela pessoa amada. Ele não está imune ao sexual. Quanto maior o desejo de união com a pessoa amada, mais cresce o amor". Sua compreensão de amor forçou Horkheimer a defender a polêmica encíclica do Papa Paulo VI sobre a pílula anticoncepcional. Com isso, o grande e velho filósofo escandalizou seus discípulos. Mas, como filósofo crítico, achava que sua obrigação era "tornar claro às pessoas que temos de pagar um preço por este avanço, e o preço é a rapidez da perda do desejo, em última instância, a morte do amor". Sem desejo – assim acreditava ele – o amor perde seu fundamento.

A religião tem a tarefa de manter desperto o desejo pelo totalmente Outro. Isto tem repercussões sociais – e tem efeitos para a vida pessoal. A religião que parece às vezes tão antiquada não pode adaptar-se plenamente ao espírito da época. Caso contrário, perde sua função crítica. A religião não deve proceder como se soubesse quem Deus é. Deve antes de tudo testemunhar neste mundo a invisibilidade e incompreensibilidade de Deus, e estimular as pessoas em seu desejo. Horkheimer recusa-se a mundanizar este desejo pelo totalmente Outro e pela eternidade, pois isso seria o fim da religião.

Esses pensamentos formulam basicamente o que também grandes pensadores cristãos dizem a respeito do desejo: o desejo é algo sobre o qual este mundo não pode decidir. Não pode ser cobrado pela sociedade, uma vez que ela ultrapassa este mundo. O desejo precisa ser transcendente e ir além deste mundo. Precisa ter sua morada no totalmente Outro. Mas quando estou em contato com este desejo de amor perfeito, de justiça perfeita e de morada absoluta, posso viver neste mundo sem me deixar comandar por ele. Eu conservo a distância crítica para com o mundo, que me possibilita lutar por este mundo e colaborar na melhoria das relações sociais e econômicas. O desejo do totalmente Outro é o estímulo para desmascarar ideologias políticas, a absolutização de ideias. É também o estímulo de olhar por sobre a situação atual da sociedade e assim dar uma forma mais humana a este mundo. O desejo precisa, pois, de espaços que são tirados do mundo, para receber força suficiente de atuar no mundo. Precisa sair do mundo e tomar consciência do espaço religioso, do cúltico, do ritual, no cumprimento dos mandamentos. Só então vai abrir este mundo para o não apresentável, para a utopia, para o ainda-não, sobre o qual escreveu muitas vezes o outro filósofo judeu, Ernst Bloch.

A oração do desejo

Não podemos experimentar o próprio Deus. Mas no desejo, nós o sentimos em nosso coração. O caminho espiritual consiste, para a tradição cristã, precisa e expressamente no fato de entrarmos em contato com nosso desejo. Ele é – conforme Santo Agostinho – qual âncora que Deus lançou em nossa alma e com a qual ele "fundeou" direta e literalmente em nossa alma.

Muitas pessoas sofrem hoje pelo fato de não poderem mais rezar. Duvidam de que Deus ouça suas preces e que reaja às suas orações. Quando expõem a mim suas dúvidas sobre a eficácia da oração, não procuro demonstrar-lhes que a oração já ajudou muitas vezes. Deixo de apresentar explicações teológicas de como Deus reage às nossas orações, pois isso não adianta nada. Aconselho-as a deixarem de lado num primeiro momento a oração. Em vez disso, aconselho-as a sentarem-se bem quietas, colocar a mão sobre o coração e sentir o que existe de desejo ali dentro. Isto já é oração. O desejo é a verdadeira oração. No desejo, sua alma estende-se para Deus. Rezar não é em primeiro lugar súplica nem oração de agradecimento, mas estender-se para Deus, desejá-lo, a ele que pode encher o nosso coração com seu amor e seu espírito. Se eu pressentir no desejo a proximidade salutar e amorosa de Deus, então tudo já se realizou daquilo que peço em minhas súplicas. Então estou livre da influência negativa das pessoas que me feriram. Então há paz em mim. Então eu me sinto são e salvo. Então minha angústia e meus temores já não me dominam. O desejo me conduz para dentro de Deus e realiza aquilo que é o sentido de toda oração: tornar-se um com Deus, experimentar nele paz e salvação, liberdade e amor.

O sonho eterno

"A alma nunca pode ser separada. O sonho eterno é intimidade e pertença. Quando somos rejeitados ou excluídos, recebemos uma ferida profunda". Quem disse isto foi o poeta irlandês John O'Donohue. Sociólogos afirmam que o desejo de pertença é o sentimento típico e básico da juventude de hoje. Para os jovens, é importante pertencer a um grupo. Caso contrário sentem-se excluídos, isolados, um lixo. John O'Donohue acha que esse desejo não é apenas típico da juventude atual, mas está profundamente arraigado no ser humano em geral, que ele constitui o verdadeiro cerne de nossa natureza, ainda que muitas vezes nos sintamos isolados e sós. Este cerne é a base da fome irresistível e onipresente de pertença com a natureza da alma humana e faz supor que outrora, antes de virmos ao mundo, tínhamos uma pertença absoluta. "Proviemos de algum outro lugar, onde éramos conhecidos, aceitos e estávamos seguros. Nosso desejo anseia por levar-nos ao conhecimento de todas as possibilidades que dormitam no chão de nossa alma. Nosso desejo é o desejo de Deus sob a aparência humana." Obviamente, O'Donohue refere-se aqui ao filósofo grego Platão, o qual acreditava que a alma repousa originalmente em Deus antes de descer para um corpo humano por ocasião do nascimento. Filósofos cristãos assumiram essa ideia de Platão, mas a cristianizaram. Toda pessoa é uma palavra de Deus. A verdadeira palavra de Deus, o Logos, é Jesus Cristo. Mas de certa forma podemos também dizer de nós que Deus fala uma palavra única e especial em cada um de nós. E essa palavra, que uma vez esteve totalmente em Deus, toma carne em nós. Mas deseja aquele que a pronunciou, de cuja boca ela saiu. Em nossa alma existe um pressentimento de que originalmente pertencíamos a Deus e que nele estávamos em casa. O sonho de pertença é, pois, a expressão de nossa calma e de seu anseio de proteção e segurança que tinha em Deus. A Bíblia exprimiu isso na história do paraíso. No paraíso, os seres humanos estavam no jardim de Deus. Eram íntimos de Deus, protegidos e amados. Seja como for que se queira explicar tal pertença originária do ser humano a Deus – pela história do paraíso, pela ideia de uma alma preexistente, ou pela imagem da palavra que Deus pronuncia em cada um de nós –, evidentemente este desejo de intimidade e pertença faz parte da natureza de nosso ser humano. Mas esse desejo que está na própria origem do ser humano é um desejo divino. Em nosso desejo carregamos algo de divino em nós: "o desejo divino sob a aparência humana". O desejo é o rastro que Deus gravou em nossa alma. Sempre que entramos em contato com o nosso desejo, sentimos a fagulha divina em nós e, com o nosso desejo, já estamos em Deus e juntos dele.

Mais do que tudo

Deve haver algo mais do que tudo, era o título antigo de um livro infantil. Dorothee Sölle assumiu essa formulação como título de uma obra sobre a experiência de Deus; isso pode estar ligado a uma experiência que é válida em geral, mas que especialmente hoje dá na vista. Pois ela também não é muito rara em nossa sociedade de abastança: há pessoas que parecem ter tudo e nem assim estão satisfeitas. Há um desejo primitivo no ser humano de que deve haver algo mais do que aquilo que salta aos olhos, o que podemos comprar para nós, com o que os amigos nos podem presentear. O desejo passa além de tudo isso e vai em direção do absoluto, do perfeito. Em última análise, o desejo aponta para Deus. Esse desejo primitivo estava bem vivo na gnose. Nos primeiros séculos depois de Cristo, houve uma corrente amplamente difundida da gnose e que deu muito trabalho à Igreja primitiva, porque interessava diretamente às pessoas em sua busca espiritual. A gnose desejava a iluminação, a união com Deus, um maior desenvolvimento da consciência, a verdadeira liberdade. Nossa época se parece com a época da gnose. Hoje falamos do esoterismo, de New Age, do desejo de entender o mistério mais profundo do universo, de uma era totalmente nova em que continuamos a evoluir, em que podemos viver em paz uns com os outros e com a criação, em que estamos abertos e receptivos para o divino.

Pode-se criticar as respostas que o esoterismo dá ao desejo das pessoas. Todavia, não é possível questionar ou negar o desejo que torna o esoterismo tão fascinante para muitas pessoas à procura. Ele é genuíno. E precisa de uma resposta. No primeiro século da era cristã, São João procurou em seu evangelho dar uma resposta ao desejo da gnose. Ele tomou a sério a profunda espiritualidade que se manifestava na gnose e a conduziu para sua verdadeira meta em sua mensagem sobre Jesus. Em Cristo, Deus tornou-se visível. Nele se acende para nós a verdadeira luz, ali experimentamos iluminação. Ele é a verdadeira vida pela qual tanto ansiamos. Ele é a verdade. Ele tira o véu que tudo encobre. Ele nos abre os olhos para o autêntico, para o que está por trás das aparências. E ele nos conduz para a união com Deus, que é na verdade a meta última de todos os nossos desejos.

No mais íntimo de minha casa

A questão básica é sempre esta: como podemos entrar em contato com o nosso desejo?

Um caminho seria examinar atentamente nossa vida e descobrir atrás de tudo o anseio que está em nossos apetites, vícios, paixões, necessidades, desejos e esperanças. Tudo o que experimentamos e vivemos pensá-lo bem, ir a fundo; esta é uma possibilidade.

Um outro caminho é o espiritual, que passa pela oração. Santo Agostinho vê a tarefa da oração em estimular nosso desejo. Quando rezamos no Pai-nosso: "Venha a nós o vosso reino", não precisamos pedir a Deus – diz Agostinho – que faça chegar enfim seu reino, mas despertamos em nós o desejo por este reino. Para Agostinho, os salmos são cânticos de desejo. Ao cantá-los, cresce em nós o desejo da verdadeira casa em Deus. Agostinho compara o canto dos salmos com o canto dos caminheiros. Ao tempo de Agostinho viajava-se de noite para evitar o assalto de ladrões. Mas, no escuro, os caminheiros ficavam com medo. Para afugentá-lo, cantavam as canções de sua terra natal. Assim cantamos nós no estrangeiro as canções de amor de nossa pátria para vencer em nós o medo da escuridão e estimular o nosso desejo de Deus.

Para Agostinho, a forma mais perfeita de oração é o canto. Sobre isso desenvolveu uma teologia própria. "*Cantare amantis est* – Cantar é questão daquele que ama." Só consegue cantar quem ama. O canto leva a pessoa para o seu interior, para o "*intimum domus meae* – para o mais íntimo de minha casa". Mas também quem escuta o som de violinos e violoncelos pode chegar pela música ao espaço interior, no qual estará em casa são e salvo. Quem chegou a este espaço interior e está de bem consigo não precisa de vício algum que o leve a buscar o lar do paraíso fora de si mesmo. Sente em si algo que ultrapassa este mundo, que o faz viver com serenidade no torvelinho deste mundo.

Se eu entrar na oração em contato com meu desejo, posso superar minha falta de liberdade. Algumas pessoas cristãs bem piedosas rezam a Deus para que Ele as livre de seu vício. Aproveitam-se dele para que continue a ajudá-las sem causar-lhes sofrimento e ficam em sua passividade. Deus deve ser a grande mãe que resolve todos os seus problemas. Dessa maneira, nunca ficarão livres de seu vício. Continuam crianças que tudo esperam receber da mãe. Ficar livre só acontece quando nós apresentamos a Deus nosso vício num primeiro passo na oração e, no vício, nosso desejo mais profundo. O segundo passo da oração consiste em entrar em contato com nosso desejo e estimulá-lo pela oração. O terceiro passo da oração seria descobrir nela o espaço interior da tranquilidade, no qual Deus mora em nós. Lá onde Deus mora em nós, somos totalmente nós mesmos(as). Lá entramos em contato com nosso verdadeiro eu. E lá podemos habitar conosco, sentir-nos em casa.

Sensação de deficiência

Sem desejo não há religião, não há fé, não há espiritualidade. Esta constatação aparentemente apodítica provém da experiência de algo negativo, de uma coisa que falta. Dorothee Sölle formulou isso assim: "Já que o sentido abrangente da vida não é visível nem constatável, a necessidade religiosa nasce sempre da ausência, da falta de convencimento; dúvida e desejo não realizado acompanham a experiência religiosa. Este sofrimento só pode ser evitado ao preço da própria religiosidade". Para esta teóloga, pois, o desejo não realizado faz parte essencial da religiosidade; na religião eu me uno a Deus. Pois ele não é algo restrito como, por exemplo, a lei ou a obrigação moral. Ele ultrapassa todo pensar e todo compreender. E assim eu me uno na religião a algo que não consigo abranger, que me leva para além de minha faculdade de conhecer, para dentro de um mundo além do visível e compreensível.

A religião tem sempre – no mínimo também – a ver com a experiência de ausência, de falta de alguma coisa, de deficiência. O ser humano percebe a si mesmo como deficiente. Não é Deus. Não pode comandar a si mesmo. Só a saúde está parcialmente em suas mãos. Não pode determinar a duração de sua vida. Nem mesmo pode construir sua própria felicidade. Sente-se dependente de alguém maior, do fundamento de toda a vida, o fundamento de toda felicidade. Para muitos, constitui uma humilhação narcisista ser dependentes de alguém outro, que não podem manipular nem dominar. Só quando o ser humano admitir essa deficiência vai compreender o que é religião, fé, espiritualidade. Às vezes a pessoa consegue experimentar Deus. Sente-se una com ele e una consigo mesma. Pode então exclamar como Santa Teresa d'Ávila: "Só Deus basta". Mas já no instante seguinte a pessoa se sente outra vez dilacerada e separada de Deus. Sente sua deficiência. Só lhe resta o desejo dessa experiência de união e de realização. Sem desejo não há experiência verdadeiramente religiosa. Pois Deus é sempre o totalmente Outro e o Maior. Toda experiência de Deus desperta em nós o desejo de nos tornarmos plenamente um com essa realidade misteriosa e nela experimentar a plenitude da vida.

O rastro do eterno

"Senhor, todos os meus suspiros estão diante de ti, e não te são ocultos meus gemidos", diz o salmista (Sl 38,10). Desejo e suspiro formam para ele uma unidade. O desejo está ligado ao sofrimento. A dor que experimenta fortalece seu desejo. No versículo anterior reza assim: "Sinto-me esgotado e, ao extremo, alquebrado; solto rugidos por causa da mágoa do coração" (Sl 38,9). Porque sofre, sente o desejo de Deus. Deseja com seu corpo doente receber a cura. Deseja que Deus o ajude, que se mostre novamente misericordioso e propício. Em sua doença experimentou um Deus irritado que o atingiu com suas setas da doença. Que Deus tenha compaixão dele a fim de que possa reerguer-se da doença. Este é seu desejo mais profundo.

Santo Agostinho serviu-se desse versículo para meditar sobre a relação entre oração e desejo e reconheceu já no próprio desejo uma oração. Fala então da oração ininterrupta pela qual a Igreja primitiva tanto ansiava: "Existe uma outra oração interior sem interrupção, isto é, o desejo. O que fazer a não ser uma oração constante quando desejas o reino de Deus? Se não quiseres interromper a oração, não interrompas então o desejo. Teu desejo ininterrupto é tua voz (oração) ininterrupta".

Não é à toa que se representa Santo Agostinho, doutor da Igreja, com o coração traspassado por uma seta. Esta representação baseia-se em suas próprias palavras do livro *Confissões*: "Tu atingiste nosso coração com teu amor, e, quais setas encravadas no coração, trazemos tuas palavras em nós". A palavra de Deus, que ele explica, não é algo exterior e sobre a qual poderia refletir objetivamente. Atingido no coração pelo amor de Deus, fala dele a partir desse coração ferido: não com raciocínio frio, mas com a linguagem do amor. Daí a beleza de sua linguagem, pois ela responde à beleza do amor divino. Também vale hoje em dia: só uma linguagem religiosa que arde por si mesma, que irradia o sentido da beleza, o sentido da ternura, o sentido do amor, pode ela mesma irradiar-se e atingir as pessoas. Somente a partir do coração ferido, só a partir do desejo nasce o novo. Enquanto cantamos as melodias do desejo, cresce em nós o desejo por aquele ao qual cantamos, por aquele que nos dá verdadeiro repouso, pátria, lar e segurança.

Esperar alarga o coração

Mesmo algo tão comum como esperar pode transformar-se numa atitude espiritual. Esperar causa em nós duas coisas: largueza de visão e atenção para o momento atual, para aquilo que estamos vivendo agora, para as pessoas com que estamos conversando. Esperar alarga o coração. Quando espero, sinto que não me basto a mim mesmo(a). Cada qual conhece isso quando espera por um amigo ou uma amiga. A todo instante olha o relógio para ver se já não estaria na hora da chegada. Está ansioso(a) pelo momento em que o amigo ou amiga salta do trem ou que toca a campainha da casa. E qual não é a decepção se, ao invés do amigo, está alguém outro diante de nossa porta! Esperar gera em nós ansiedade, expectativa. Já não cabemos mais em nós. Na espera, nós nos estendemos para aquele que toca o nosso coração, que o faz bater mais forte, que satisfaz o nosso desejo.

Hoje em dia muitas pessoas não sabem mais esperar. Vemos isso no tempo do Advento: muitas pessoas não sentem o Advento como tempo de espera, mas como Natal antecipado. Alguns festejam continuamente o Natal, ao invés de manter a expectativa e estender o coração na espera pelo mistério do Natal. As crianças já não sabem esperar até que a mãe tenha feito a oração. Precisam comer logo, assim que algo está sobre a mesa. Não esperam até que o chocolate seja arrumado no cesto das compras; têm de comê-lo já ao passar pelo caixa do supermercado. As pessoas diante de uma bilheteria não sabem mais esperar sua vez. Vão empurrando para ver se chegam antes. Trata-se, nesdas atitudes, de algo muito sério: quem não sabe esperar jamais desenvolverá um eu forte. Terá que satisfazer imediatamente toda necessidade sua. Esperar nos torna livres interiormente. Se soubermos esperar até que nossa necessidade esteja satisfeita, suportaremos também a ansiedade que a espera provoca em nós. Isso torna nosso coração bem grande. E, além disso, teremos a sensação de que nossa vida não é banal. Nós desejamos isso quando esperamos por algo misterioso, esperamos então pela realização de nosso desejo mais profundo. Reconhecemos então: somos mais do que aquilo que nós mesmos nos podemos dar. O esperar nos mostra que o autêntico e verdadeiro nos precisa ser doado.

O esperar gera nas pessoas uma ansiedade sadia. Quem espera não mata o tempo de tédio. Está orientado para um objetivo.

Isso aparece muito claramente na espera das crianças pelo Natal: o objetivo da espera é uma festa. Lembro-me muito bem de como nós, crianças, esperávamos na noite de Natal pelo Menino Jesus, pela distribuição dos presentes. Era uma expectativa sem igual. Íamos com nosso pai passear pelo escuro da noite e víamos em todas as casas luzes acesas. E, depois, tínhamos de esperar no quarto do andar superior até que o sino do Natal tocasse. Foi uma vivência misteriosa entrar no quarto de dormir só à luz de vela. Situações vividas na infância gravam-se profundamente na alma. Nós nos sentimos também mais tarde como se estivéssemos em casa quando esses sentimentos da infância são trazidos à tona. Provavelmente existe em cada espera um rastro da espera natalina, o pressentimento de que nossa vida ficará mais iluminada e mais sadia pela vinda de uma pessoa ou de um acontecimento.

A caminho como peregrino

Quando, certa vez, viajei num ônibus de peregrinos para Jerusalém, o diretor da peregrinação rezou o "Cântico de peregrinação", Salmo 122: "Alegrei-me quando me disseram: vamos à casa do Senhor". Imaginei então com que sentimentos os piedosos peregrinos judeus se aproximavam da cidade santa, Jerusalém, para lá orar no templo e sentir a salvação. Li então o Salmo 84 com nova mentalidade: "Minha alma se consome de saudade pelos átrios do Senhor, meu coração e minha carne vibram de alegria pelo Deus vivo" (Sl 84,3). A ida anual a Jerusalém era mais do que um dever piedoso. No coração dos israelitas ardia um desejo profundo de experimentar a proximidade salvífica e amorosa de Deus no templo. Naturalmente, os judeus sabiam que podiam rezar a Deus em toda parte. Mas o Templo era o lugar especial da presença de Deus. A este lugar sagrado ligavam todas as maravilhas que o Senhor tinha feito a seu povo. Aqui ouviam sua orientação, cantavam seu louvor e podiam assistir à liturgia festiva. O salmista não fala apenas da alma que se consome de saudade pelo Templo do Senhor. Não, é todo o corpo que o deseja. Não é uma saudade dolorosa, mas uma saudade que faz corpo e alma vibrarem de alegria. É uma saudade vigorosa que levanta o peregrino e o enche de força nova e o faz participante do Deus vivo que cria a vida.

Tempo de espera

Por que nos tocam tão profundamente muitos cantos e leituras do Advento? Advento é o período litúrgico em que nosso desejo profundo daquele que pode impregnar e apaziguar o nosso coração encontra sua expressão no ritmo do ano eclesial. Este desejo, que se manifesta nos cantos desse tempo, tem sempre a ver com amor.

Nossa saudade disso é uma constituição básica. Ela vai além do cotidiano e banal e aponta para o lar e o aconchego, para o paraíso perdido. Isto não é doentio nem expressão de imaturidade ou de regressão. Indica, antes, que nós só podemos enfrentar a luta da vida quando estamos conosco em casa e quando percebemos que o Deus como mistério de amor habita em nós.

Se, nessa mentalidade, eu entro em contato consciente com meu desejo, posso reconciliar-me com a mediocridade de minha vida. Posso então despedir-me de ilusões que fiz de minha vida. Entro em contato com algo além do mundo, com algo sobre o qual o mundo não tem poder. Isto me permite também uma abertura imparcial para os outros. Posso desfrutar do encontro e do relacionamento sem querer continuamente ter mais.

Numa experiência de desejo assim está também uma força que nos capacita a encarar utopias bem concretamente. Esse desejo levou as pessoas da Idade Média a construir altas catedrais. Tal arquitetura alimentava-se no desejo de criar um espaço para o divino. A música viva do desejo. Ela abre uma janela para o céu. Toda arte é, afinal, a manifestação do eterno, jamais palpável, expressão do desejo pelo totalmente

Outro. O desejo tem a força de furar o concreto, de romper as armaduras que construímos ao redor de nós para não sermos vulneráveis por parte do mundo exterior. O desejo abre o nosso mundo estreito. Ele mantém aberto o horizonte acima de nós. O desejo não se fecha aos fatos assustadores da vida. Ele nos coloca no rastro da esperança, que nos permite encarar a realidade sem que haja desespero.

Ligado à terra

Por ocasião do Natal, recebi a carta de um conhecido meu, que colocou no cabeçalho alguns versos da poetisa judia Hilde Domin sobre o desejo: "O desejo faz a terra correr por entre os dedos. Toda a terra desta Terra procurando chão para a planta ser humano".

A história bíblica da criação ressoa aqui; ela conta como Deus formou o ser humano da terra. É o desejo que faz escorrer a terra por entre seus dedos, a fim de procurar o chão adequado para plantar o ser humano. Evidentemente a terra sozinha não basta para que o ser humano possa desenvolver-se. Há necessidade do elemento imaterial do desejo, que se une à terra, para que assim possa surgir o ser humano.

Textos poéticos se prestam muitas vezes a várias interpretações. O meu conhecido, que colocou no cabeçalho de sua carta de Natal essa parte do poema, certamente também o leu como descrição do nascimento de Jesus: Deus se une no nascimento de Jesus à terra. Ele se torna carne. Ele se encarna, ele se afunda na terra. Em Jesus, uniu-se o desejo divino com a terra.

Só poderemos ser verdadeiramente pessoas se assumirmos e amarmos o terreno em nós e se percebermos ao mesmo tempo na terra de nossa existência humana o desejo divino. Terra e desejo são os dois polos de que precisa o ser humano para ser verdadeiramente ser humano. Sem desejo, a terra continua como é. E sem terra o desejo torna-se volátil demais e evade-se para os páramos celestiais. Somente quando a terra de nosso ser humano escorre através dos dedos do desejo, oferece-nos o chão sobre o qual podemos crescer e nos desenvolver.

Imagens estelares

As estrelas são imagens-símbolos do desejo humano. Brilham de noite e resplandecem sobre toda a Terra. São pois símbolos da esperança e da unidade universal. Desde os tempos mais remotos, as pessoas ficavam fascinadas com o brilho intenso da estrela da manhã e do astro vespertino. É impressionante o que narra a história bíblica do Natal sobre ela. Os magos viram uma estrela e se deixaram guiar por ela. Uma imagem estelar maravilhosa era entendida na Antiguidade como sinal da vinda do Messias tão esperado. Em Qumran, a vinda do Messias foi comparada ao nascimento de uma estrela: "Sua estrela brilhará no céu como a estrela de um rei".

Os Padres da Igreja tomam essa experiência cósmica da estrela e referem-na a Cristo. A estrela tem luz própria. A linguagem do amor faz-nos pressupor o que acontece no Natal: brilha para nós em Cristo uma estrela em nosso céu noturno. Cristo traz por meio de seu amor luz para a nossa escuridão. A estrela que está no céu aponta-nos o Pai que está no céu. Ela é a imagem de nosso desejo pelo totalmente Outro. Mas o que vemos no céu é sempre também uma realidade em nós. Falamos da estrela que nasce no horizonte de nosso coração quando entramos em contato com nosso desejo e sentimos que nosso coração se estende para muito além de todo cotidiano até o mundo de Deus, no qual estamos realmente em casa.

Ângelo Silésio resumiu de maneira primorosa o que significa para nós Cristo como estrela da manhã:

> Estrela da manhã da noite escura,
> que enche o mundo de alegria.
> Meu Jesus, entra,
> Ilumina o relicário do meu coração[10].

Desde tempos imemoriais, os seres humanos transferiram seus desejos para as estrelas. E as estrelas sempre exerceram um fascínio todo especial. Quando, em criança, cantávamos "Sabes quantas estrelinhas lá no firmamento estão", isto nos dava a certeza de que Deus tinha as melhores intenções para conosco e que estávamos em casa sob o seu céu estrelado. Essas associações surgem quando, no Natal, pensamos na estrela que anunciou o nascimento de Jesus e quando dependuramos no pinheirinho ou na janela a estrela do Natal. Por esse nascimento, o mundo tornou-se uma pátria para nós. Brilha sobre nós no céu, em toda parte, a mesma estrela da manhã e o mesmo astro vespertino e nos faz sentir que estamos em casa. E o Natal nos convida a sermos estrela para os outros, que ilumina sua noite e lhes dá um sentimento de lar aconchegante.

Quando as pessoas falam de uma estrela em sentido tão confiante, isto significa: alguma coisa penetrou em sua noite, algo esplendoroso, algo amorável. Com a estrela brotou ne-

10. Texto alemão: Morgenstern der finstern Nacht, / der die Welt voll Freuden macht. / Jesu mein, komm herein, / Leucht in meines Herzens Schrein.

las a esperança. A estrela mostra o caminho. Ela acompanha a vida e torna-a mais ampla. A estrela do Natal nos diz algo que passa além do tempo natalino e vale para a nossa vida. A fascinação pelo brilho da estrela da manhã e do anoitecer significava: não somos apenas seres da terra, mas também do céu. Em nós brilha a estrela que nos sobrepassa e aponta para aquele que desce do céu e realiza nosso desejo mais profundo.

De noite cresce o desejo

A noite é, para nós, monges, um tempo sagrado. No mosteiro, levantamos todo dia às 4:40h. Nós, monges, fazemos vigília, enquanto o mundo dorme, porque acreditamos que o silêncio da noite se transforma num tempo de experiência com Deus. Ele fala conosco durante esse período de grande silêncio. Com base na profundidade dessa experiência não é de admirar que todas as religiões vejam e acentuem a importância da noite. Dentro da noite cresce o desejo. A cristandade festeja com o Natal e a Páscoa duas grandes noites em que esperamos por Cristo. Obviamente, os pagãos também já festejavam o solstício em 25 de dezembro. Mas ao datar o nascimento de Jesus na noite do solstício do inverno, criaram os cristãos um símbolo para dizer que o Natal anuncia o dia. Tal símbolo é mais importante ainda quando se tem presente que naquela época se achava que as noites de inverno eram infestadas por espíritos maus e terríveis. A volta do dia exprimia a vitória sobre esses maus espíritos.

Mas o símbolo do Natal é ainda mais forte: quando Deus se faz homem, nasce a luz. A liturgia maravilhosa da noite de Natal canta isso: no momento do maior silêncio, a palavra de Deus veio à Terra. Também na celebração da Páscoa, o simbolismo da noite e da luz desempenha um papel importante. Os três evangelistas sinóticos comentam que toda a criação reagiu à morte de Jesus e que o sol ficou escuro durante três horas. A ressurreição é uma vitória da luz e da vida. Para João, Cristo está morto, é colocado num sepulcro (uma associação com a noite) e ressuscita – tudo de uma só vez. Para João importa demonstrar que o Jesus morto se transforma. O desejo de luz e de vida – dois desejos primitivos da humanidade. Nas duas grandes festas do cristianismo – Natal e Páscoa – festeja-se a realização de nossa esperança. O Natal marca a vitória da luz e a Páscoa, a vitória da vida. E o Natal anuncia a Páscoa. Ambas as datas se complementam.

Em noite escura

A noite é para a pessoa um período de experiência profunda. Para o Profeta Isaías, é o lugar em que brota em nós o desejo. Para ele, é o desejo de Deus. "Minha alma suspira por ti durante a noite, dentro de mim, por ti procura o meu espírito", assim reza o profeta veterotestamentário (Is 26,9).

Durante a noite emergem em nós os sonhos. Neles exprime-se o desejo por um mundo diferente, por luz, por cura de nossas feridas, por transformação de nossa vida. Mas também, quando estamos acordados à noite, o desejo surge com maior intensidade. Quem não consegue dormir não deseja apenas o sono. A insônia leva-o a pensar sobre sua própria vida. O que é afinal a minha vida? Ela está certa como está?

E o estado de vigília desperta nele o desejo pelo mistério da vida pelo fundamento originário de sua existência em que sua alma encontra repouso. Quando nada nos desvia na calma da noite, entramos em contato com nosso desejo, que ultrapassa nosso dia a dia, que ultrapassa este mundo. Ao profeta aconteceu isso. Ele sabe que só Deus pode satisfazer o seu desejo. A ele dirige seu coração. Por isso, o profeta não tem medo da noite, nem das noites de insônia em que rola de cá para lá. Ele sabe que a noite empresta asas a seu desejo e enche sua alma e seu espírito do desejo de Deus: a noite torna-se um tempo místico.

A noite é, para o profeta, uma imagem da miséria maior do ser humano. A noite significa para ele andar sem orientação de cá para lá no escuro. Isaías expressa este medo da escuridão que nos cerca, com as palavras: "Aguardamos ansiosamente a luz, mas vieram as trevas; ansiamos pelo romper do dia, mas andamos na escuridão. Como cegos apalpamos a parede, como se não tivéssemos olhos, andamos tateando; tropeçamos ao meio-dia como se fosse no crepúsculo, em pleno vigor, somos como mortos" (Is 59,9s.). É a noite que assalta nossa alma, a noite da depressão na qual não sabemos mais como entrar nem como sair, em que parece estarmos num abismo tenebroso.

Em noite tão escura, ansiamos pela luz. Tudo em nós – nossa alma, nosso corpo e nosso espírito – está repleto de desejo. Nós *somos* desejo. E só este desejo nos faz esperar que veremos novamente a luz do sol.

Somente o desejo nos mantém ainda com vida.

Noite dos sentidos

Quando comecei a ler as histórias e os ditos dos primeiros Padres do Deserto sob a perspectiva psicanalítica, entendi muita coisa da psicologia da noite. Muitos desses monges que viviam no deserto não dormiam muito. Esforçavam-se inclusive para não dormir, para vigiar com Cristo. A noite era para eles o lugar em que lutavam contra seus demônios, à semelhança do deserto. Acreditavam que podiam trazer luz ao mundo ao se abandonarem voluntariamente ao deserto e à escuridão.

Vários apotegmas, ou seja, aforismos dos Padres do Deserto, relatam além disso que Antão, Poimen ou outros eremitas estavam cercados por um halo de luz. Enquanto rezavam, eram tão ardentemente iluminados pela presença de Cristo que seus dedos viravam chamas. A noite é também o período dos sonhos. E Deus fala às pessoas no sonho. Durante a noite desmoronam todas as nossas ideias usuais de Deus. Elas são depuradas. Nessa experiência, somos convidados a nos despedir de nossa ideia de um Deus próximo, sempre pronto a nos atender e do qual nos apossamos com egoísmo. Naturalmente, convém ter uma imagem formada de Deus. Mas precisamos aprender também que sua realidade está além de qualquer imagem. O fato de Deus ser o Outro, o não representável, nem mesmo isso pode ser representado. Isso é, de certa forma, a experiência que a literatura mística entende sob o conceito de "noite dos sentidos". Tal conceito significa: mesmo quando a fé não oferece mais qualquer experiência sensorial da presença de Deus e mesmo que o crente permaneça seco e frio, isso não impede que continue orando, na esperança de que a experiência dos sentidos volte a se manifestar. Ele acredita firmemente que Deus pode ser encontrado também um tal deserto espiritual.

Através do deserto árido

"Onde desejo e desespero se encontram, lá existe a mística." Quando li esta frase nas obras póstumas de Friedrich

Nietzsche, fiquei um tanto surpreso. Nietzsche era para mim o filósofo que havia anunciado a morte de Deus e proclamava a vinda próxima do super-homem. Eu não soube de imediato como entender essa frase. Não sei se hoje eu a entendo bem. Mas sou tentado a me aprofundar em seu sentido.

Nietzsche experimentou naturalmente as duas coisas. Não estava satisfeito com a mensagem cristã, conforme a tinha ouvido de seu pai, um pastor protestante. Era para ele uma religião dos fracos, que reprimia a vitalidade das pessoas. Ele ansiava por vida plena, que não conseguia experimentar por causa de sua doença. Sofria o desespero por causa de si mesmo, por causa do mundo e por causa da adulteração da religião como lhe parecia ser a mensagem cristã. Desejava vitalidade, força, prazer de viver e liberdade. Mesmo que nos chamem mais atenção suas afirmações críticas sobre a religião, em muitas de suas palavras ressoa algo da mística que o impulsionava a continuar procurando sempre o mistério da vida.

A mística é para mim o caminho da experiência de Deus. Aos místicos não basta ouvir apenas sobre Deus ou dele falar. Querem senti-lo palpavelmente, experimentá-lo. Querem tornar-se um com ele no êxtase do amor. A linguagem extática de Nietzsche vem carregada desse impulso místico. Ele queria experimentar a vida e usufruí-la. Ele colocou o deus grego Dioniso no lugar de Cristo. Mostra com isso que a experiência da vida tem, para ele, algo de religioso. Ela é êxtase, embriaguez de amor. Ao crítico do cristianismo, Nietzsche, passou despercebido que os antigos Padres da Igreja procuraram vincular Cristo com Dioniso. Também Orfeu, o grande cantor, que também pertencia ao âmbito dionisíaco, foi comparado com Cristo. Pois Cristo foi entendido como o cantor divino que tocava os corações das pessoas e os inflamava de amor.

Contudo, os místicos cristãos não falam apenas do encontro com Deus, do êxtase. Existe também a secura do deserto e a "noite escura" da qual nos fala São João da Cruz. Portanto, Nietzsche tem razão: só trilho o caminho da mística quando meu desejo se encontra com o meu desespero. Mesmo quando tudo vai bem para mim, posso ter desejo de Deus. Mas o meu desejo não é forte o bastante para concentrar todas as minhas forças na procura de Deus.

Só o desespero me força a me voltar totalmente para ele. No desespero, o desejo cria asas. Ali ele me transporta além de mim para os braços daquele no qual eu sei que estou seguro.

Pertransido de alma e de dor

A mística não é um lugar confortável. Isso fica claro não só na experiência dos místicos antigos, mas também no testemunho de uma poetisa moderna, Nelly Sachs. A mística de seu desejo criou palavras sempre novas para este lugar em constantes dores de parto. Numa carta de 9 de janeiro de 1958, explica ela ao grande poeta judeu Paul Celan, que vivia em Paris, sua profissão profunda de fé:

> Há e houve e está a cada momento em mim a fé no pertransimento da dor e da alma em relação ao pó como uma atividade de que nos aproximamos. Creio num universo invisível em que inscrevemos nossas escuras realizações. Sinto a energia da luz, que faz a pedra soar como música, e eu sofro em meu corpo a ponta da seta do desejo que nos fere para a morte

> desde o começo e que nos empurra a procurar fora, lá onde a incerteza começa a purificar. A mística hassídica de meu povo foi de grande valia; em estreita união com toda outra mística, ela precisa criar sempre de novo em dores de parto seu lugar de moradia, longe de todos os dogmas e instituições.

Nelly Sachs está convencida de que o mundo todo vive cheio de desejo. Ela vê sua tarefa como poetisa em perpassar com seu desejo anímica e sofridamente o pó, isto é, este mundo. Fala do mundo de tal forma a despertar em nós o desejo de Deus. Mas o desejo não é apenas sofrimento, é também como luz e música que gostariam de surgir em todas as coisas, inclusive nas pedras. O que lhe acontece como judia perseguida e poetisa é sensível, ela o sente como sofrimento na ponta da seta do desejo. Desde o nascimento carrega consigo esse desejo. Ele a atingiu para a morte. Os muitos mortos, que ela lamenta em sua poesia, obrigam-na a ultrapassar este mundo com seu desejo. Em sua caminhada espiritual recebeu a ajuda da mística hassídica. Sua poesia, que usa a linguagem do desejo, é também expressão de sua mística, que vê em tudo o Deus escondido. Em meio a este mundo adverso, em meio ao mundo cruel do genocídio, a mística cria para ela um domicílio – "sempre de novo em dores de parto".

No torno do desejo

Quando Nelly Sachs teve de fugir dos nazistas e foi para a Suécia, encontrou-se de novo num mundo de língua diferente. Tinha de escrever para ganhar a vida. E ela inventou uma linguagem nova do desejo, que sempre ousa novas criações de palavras. Uma princesa que sobreviveu a uma época congelada (certamente uma referência ao Terceiro Reich), ela a chama de "deslocada pelo desejo". A veemência de seu desejo deslocou-lhe os membros. Mas fez, ao mesmo tempo, com que sobrevivesse ao frio. Essa imagem nos lembra a luta de Jacó quando o anjo deslocou a coxa dele. Para a poetisa judia, Jacó foi "deslocado para Deus" pelo anjo. O desejo me penetra até os ossos. Ele retira de mim a antiga certeza. Ele desloca minha junta, para que eu me deixe guiar por Deus como Jacó. Através de meu desejo, a bênção de Deus me capacita a enfrentar minha própria sombra, sem deixar-me dominar por ela. O desejo me transforma e me faz sair incólume da noite desta vida.

Mas Nelly Sachs também fala que a pessoa está deslocada pelo "torno do desejo". O desejo pode funcionar como um torno. Ele nos mantém presos. Ser pessoa humana significa estar cheia de desejo. Mas vale também:

> O céu treina em você
> rompimento.
> Você está na graça[11].

Quem se deixa inclinar para Deus, este está na graça. Então a "ferida que é nossa morada" transforma-se em lugar da graça, no lugar em que experimentamos a proximidade salvífica de Deus. Jacó, o deslocado pelo desejo, é a pessoa ferida por Deus. Mas exatamente com sua ferida, com sua coxa manca, torna-se a fonte da bênção para muita gente. Enquanto Deus rompe muita coisa em nós, à qual nos agarra-

11. Texto original alemão: Der Himmel übt an dir / Zerbrechen. / Du bist in der Gnade.

mos, o desejo, que não pode ser rompido, nos conduz ao lugar da graça, ao lugar em que experimentamos o terno amor de Deus, em que este seu amor nos envolve. E, deslocados pelo desejo como Jacó, nós também seremos uma fonte de bênção para este mundo.

Nelly Sachs publicou um poema com o título "Nas moradas da morte" ("In den Wohnungen des Todes"). Somente na proximidade da morte pode crescer a linguagem do desejo. O desejo vence a morte. Ele não se rompe com a morte, mas é responsável pelo novo começo. "Tudo começa com o desejo", assim diz Michael, em *Eli*, um drama bíblico sobre o sofrimento de Israel. Tudo o que foi criado está repleto da substância do desejo. Repleto do desejo, todo o ser criado vence a morte. Já antes do nascimento, nossa vida começa com o desejo. E não termina na morte. Nela experimenta apenas sua realização. Por ela cria o totalmente novo, o encontro com aquele que faz novas todas as coisas.

Posicionado entre o aquém e o além

Decepções, nós todos as temos impreterivelmente. E todos conhecemos o sentimento que acompanha um desejo não realizado, quando uma esperança estoura qual bolha de sabão. Essa experiência faz parte da vida. Ao final pode vir a conclusão realista: não é ruim quando nossos desejos não se realizam. Pois eles apontam para além deste mundo e só serão plenamente satisfeitos na morte. Não importa que nosso desejo de êxito de vida, de sucesso, de lar e segurança, de amor e de amizade se realize, ou não, aqui em nossa vida; ele nos aponta, em última análise, sempre para algo que está além da realização permanente. Apesar disso, desejo e anseios fazem parte da vida. A escritora austríaca Marie von Ebner-Eschenbach indicou o que existe por trás de uma decisão desesperadora: “Não se deve lamentar aqueles cujos desejos não se realizam, mas aqueles que não os têm mais”. Marie von Ebner-Eschenbach assegura com convicção: quem não tem desejo, não sabe o que significa viver.

A vida sem desejo torna-se insípida. Perde sua expectativa. Sem desejo, a vida fica sem sentido. Não existe mais nada que o ser humano pudesse ainda ambicionar. Quem não tem objetivo pode até ir adiante, mas estará sem orientação. Poderia também ficar parado; daria tudo na mesma. Se andar ou não, se se esforçar ou não, se se apressar ou não – tudo é igualmente sem sentido.

A essência do ser humano está em posicionar sua alma entre o aquém e o além, entre as experiências exitosas e decepcionantes deste mundo e o desejo de amor absoluto e de vitalidade. Só procedendo assim vai encontrar-se realmente.

Realização na eternidade

Em nossa vida temos sempre a experiência do limite, do fracasso, do efêmero. Nossa felicidade é passageira, o amor fracassa, nossa vida é finita. E, no entanto: “Todo prazer quer eternidade, eternidade profunda, muito profunda”, diz Nietzsche. O desejo de eternidade é desejo de felicidade sem fim, amor duradouro, repouso eterno. Na relação entre tempo e eternidade, manifesta-se a tensão entre Deus e o ser humano, entre céu e terra, entre matéria e espírito. Como seres humanos entre o céu e a terra, nós sentimos e tocamos essa tensão fundamental. Vivemos no tempo e esperamos a vida eterna, a realização de nossos desejos na eternidade. A Bíblia nos promete que nossas esperanças e desejos não caem no vazio, mas que Deus nos dará, após a morte, sua glória eterna que nenhum olho jamais viu nem ouvido ouviu (cf. 1Cor 2,9).

A eternidade não significa um longo período de tempo. Ela é um atributo próprio. Se o ser humano se concentrar totalmente no momento atual, pode ser que a eternidade irrompa em seu tempo. O tempo então pára. Esses momentos têm sabor de eternidade. Místicos e místicas sempre falaram dessas experiências de eternidade e toda experiência real de Deus é também uma experiência de eternidade. Pois quando sou um com Deus, sou totalmente um com tudo o que existe. Então, tempo e eternidade coincidem. No momento desse ser um coincidem todos os opostos: ocorre a *coincidentia oppositorum* de que fala Nicolau de Cusa e na qual ele vê a natureza de Deus. Quando, na contemplação, torno-me um com Deus, eu me fundo em Deus, nesse momento o tempo para. É um momento de puro presente. Presente e futuro coincidem. Não penso no passado, não planejo nada para o futuro. De um momento desses não podemos dizer muitas vezes quanto tempo dura. O tempo está parado, porque o próprio Deus nos tocou.

O homem – diz Agostinho – está no tempo e o tempo está nele. Ele sofre por sua causa. Pois o tempo é para ele expressão de constante mudança, e nada há nele de estável, nada que fique parado. Em vista da constante mutação, seu desejo volta-se para a eternidade. Santo Agostinho exprime isso assim: "Tu és meu conforto, Senhor, tu, meu Pai, tu és eterno! Eu, porém, estou no tempo e não sei como ele vai andar; confuso e dividido está meu pensamento e a vida mais íntima de minha alma, até que me desfaça em ti, purificado e acrisolado nas chamas de teu amor".

Vida eterna é a vida em que tempo e eternidade, Deus e ser humano, céu e terra coincidem. É a faculdade do ser humano de ter parte no eterno, em meio ao tempo. Se eu estiver totalmente no momento, se estiver totalmente em união comigo mesmo(a), enxergarei atrás do véu do mundo, inclusive atrás do véu do tempo; tenho já então agora parte no saber eterno de Deus, na eternidade. Quando nos tornamos um com Deus no amor, o tempo é eliminado, entra a eternidade no tempo, nossa vida recebe existência eterna neste tempo.

O Papa Gregório Magno conta de São Bento que ele vislumbrou num único raio de sol o mundo todo. Os budistas falam aqui de iluminação. Quem vê o autêntico na iluminação, este vê atrás do tempo, para este tudo é uno. Na experiência de Deus, que é também sempre uma experiência da causa primeira do mundo, entro em contato com a testemunha intemporal em mim mesmo, com o si-mesmo espiritual que não está sujeito ao tempo. Toda experiência profunda é experiência do ser puro. Sinto o gosto daquilo que é. Não é nada mais do que puro ser. Além do tempo. Ali não há mais separação entre sujeito e objeto. Nesses momentos realiza-se o que o filósofo Boécio disse: "A eternidade é a posse perfeita, total e simultânea de uma vida interminável" (*Aeternitas igitur est interminabilis vitae tota simul et perfecta possessio*). Esta é a realização de nosso desejo.

Esperança e luz

A morte não é o limite de nossa esperança. Não é o muro que retém o nosso desejo. Ao contrário: a mensagem central de minha fé é esta: não há morte em que já não haja o começo de nova vida. Não há cruz à qual não siga a ressurreição. Não há escuridão em que já não fulgure a luz da Páscoa, nenhum sofrimento em que somos deixados sós. Mas a mensagem da morte e da ressurreição é também o apelo a tornar produtivo nosso grande desejo de vida: resistir aos empecilhos que estorvam a vida, resistir às estruturas injustas, às muitas cruzes que são levantadas todos os dias. A morte e a ressurreição de Jesus nos tornam suscetíveis às histórias de sofrimento de nossa época e fortalecem nosso desejo pelo fim desse sofrimento. Mas libertam-nos simultaneamente da amargura e da resignação. São meramente os sinais da esperança. Segundo C.G. Jung, o êxito de nossa vida depende de como lidamos com o sofrimento. Não é o rodear masoquista em torno do sofrimento, mas a passagem pelo sofrimento que conduz à vida. A vida é a mensagem central de Jesus. Ela nos convida a servir à vida, à vida da pessoa individual, à vida da comunidade e da criação toda. Em todo lugar em que floresce o desejo de vida, aparece também a vida da qual fala o evangelho de João.

Esquecer a si mesmo(a)

Na sensualidade, na sensação do prazer com todos os sentidos, está imbuído o desejo da eternidade. Mas também aqui eternidade não significa longa duração. O prazer não pode ser experimentado por longo tempo. Quando eu me esqueço, quando me volto totalmente para o que faço, para o que sinto, para o que sou, vivo a eternidade no momento. E estou totalmente no momento quando me envolvo numa experiência dos sentidos, quando, por exemplo, sou todo olhos, todo ouvidos, e só percebo aquilo. Quando me dedico totalmente a contemplar um pôr de sol ou a ouvir uma sinfonia, passo além das coisas criadas e entro – segundo uma palavra do Mestre Eckhart – no "fundo do que não tem fundo". Eternidade significa o momento que é vivido bem profundamente. O prazer é a abolição do tempo e o pressentimento da eternidade. Sentir o eterno não é algo meramente espiritual em oposição ao material. Na matéria faz-se a experiência do espírito, no espaço aprende-se o inespacial, no tempo percebe-se o intemporal. Para mim, estar totalmente no momento atual significa estar vivenciando todos os meus sentidos.

Não é possível experimentar a eternidade através de uma técnica especial. É sempre uma dádiva de Deus quando esquecemos a nós mesmos(as) de tal forma que sintamos essa presença pura e o tempo esteja abolido. Só podemos treinar-nos na atenção e no estar presente e confiar que o próprio Deus irrompa em nosso treinamento. Quando ele irrompe, o tempo para, experimentamos então a eternidade e nosso desejo consegue repouso.

Sensibilidade para o transcendente

Todas as religiões falam de anjos, mensageiros de Deus, que anunciam aos homens sua proximidade salvífica. Entre os gregos, havia o mensageiro alado dos deuses, Hermes. Na maioria das religiões, os anjos são poderes auxiliadores e curadores que Deus envia aos seres humanos. A teologia cristã desenvolveu desde os Padres da Igreja uma doutrina sobre os anjos – contudo, na teologia moderna os anjos foram menosprezados por longo tempo. Os anjos eram, na ótica desta teologia, imagens passageiras da proximidade de Deus dos seres humanos. Desde uns vinte anos para cá, os anjos estão novamente em alta. Uma pesquisa revelou que 80% das pessoas que creem em Deus acreditam também num anjo da guarda pessoal. E mais da metade da população acima de catorze anos procura junto a seu anjo da guarda consolo, segurança, acolhimento e proteção. A abertura das pessoas de hoje para os anjos tem provavelmente sua explicação num maior senso de transcendência. Elas desejam que penetre em seu mundo muitas vezes cruel dos negócios uma dimensão diferente. Desejam um mundo de tranquilidade e leveza, de beleza e de esperança. Os anjos representam uma vida exitosa, um amor e carinho que não dá realce à fragilidade do amor humano: os anjos abrem o céu acima das pessoas. Para muita gente, Deus é alguém distante e incompreensível. Os anjos são um reflexo concreto de Deus em nosso mundo. Através dos anjos, a pessoa humana entra em contato com sua alma e com suas forças criativas e curativas.

"Anjo" vem do grego *ángelos* = "mensageiro". Diz Santo Agostinho que nós nos deveríamos preocupar menos com a natureza dos anjos e mais com sua tarefa: os anjos são os mensageiros de Deus. Deus no-los envia para nos anunciar uma mensagem, para nos proteger e nos auxiliar em situações concretas ou para nos iniciar em atitudes de que precisamos, a fim de termos êxito em nossa vida. Mas naturalmente a teologia, apesar da observação de Santo Agostinho, preocupou-se com a natureza dos anjos. Diz ela que os anjos são seres criados e poderes pessoais. Quando traduzimos esses conceitos abstratos para nossa vida, significam: os anjos, enquanto seres criados, são passíveis de experiência. Eles são visíveis, perceptíveis. Os anjos podem ser pessoas que entram no momento exato em nossa vida, que nos indicam algo que se transformará em bênção para nós, que intervêm salvando e ajudando quando nós não sabemos mais o que fazer. Também os mensageiros dos sonhos são sempre anjos na tradição. Nos sonhos, um anjo nos fala – e sonhos nós podemos ver, escrever, representar. Os anjos são impulsos interiores de nossa alma. Não sabemos donde vem a intuição repentina de tomar outro caminho. Mas depois percebemos que este outro caminho salvou nossa vida. Tais intuições repentinas são anjos que Deus nos envia. Também pessoas falecidas podem tornar-se anjos para nós e que nos acompanham.

Os anjos são poderes pessoais: isso significa que não são pessoas no nosso modo de ver, não são seres individuais que podemos delimitar claramente e descrever. Mas são poderes e forças. Seu aparecimento não é ilusão. Eles atuam e atingem nossa pessoa, ou seja, eles podem encontrar-se conosco e nos ajudam em nosso caminho de autoevolução e desenvolvimento pessoal. Os anjos protegem nossa pessoa e nos põem em contato com aspectos essenciais de nossa personalidade. Os anjos nos põem em contato com nossa alma, com o espaço interior do amor e da liberdade. Isso pode ocorrer no sonho, numa palavra que alguém nos diz no momento certo. Pode ser uma intuição na qual um anjo nos fala.

A Bíblia relata casos de anjos que socorreram pessoas em necessidades concretas. Temos o caso do anjo que ouve o choro da criança de Agar (Gn 21,17s.), o anjo que reanima o desanimado Elias (1Rs 19,5s.), o anjo do Senhor que desceu à fornalha para junto de Azarias e seus companheiros (Dn 3,49). Há a história de Rafael, o anjo que ajuda Tobias em toda sua trajetória de viagem, cura o velho Tobit da cegueira e indica a maneira de afugentar os demônios de Sara (cf. livro de Tobias). O arcanjo Miguel, cujo nome significa "Quem é como Deus?", luta por nós para que nenhum poder terreno nos escravize, mas para que Deus mesmo seja nossa liberdade. Gabriel é o anjo da anunciação, que nos promete o nascimento de uma criança, que nos chama a atenção para o novo que desponta em nós. No Novo Testamento, os anjos aparecem sobretudo no nascimento e na ressurreição de Jesus. Um anjo anuncia o nascimento de Jesus e traz assim alegria para a vida dos pastores. Os anjos que louvam a Deus transmitem para nós a leveza do ser. Isso o entendeu sobretudo a arte barroca, que ornamentou as paredes das igrejas com anjos que nos indicam a transitoriedade de nosso ser. Os anjos se apresentam a Jesus em sua tentação no deserto (Mt 4,11). E um anjo veio confortá-lo em sua agonia e pavor no Horto das Oliveiras (Lc 22,43). Anjos anunciam às mulheres que Jesus ressuscitou dos mortos. Anjos são os que levam o falecido Lázaro ao seio de Abraão. Anjos também nos levarão para os braços amorosos de Deus.

Não precisamos crer em anjos. Eles são perceptíveis. Eles dão algo de humano à nossa relação com Deus. Deus envia seus anjos para a situação concreta de nosso dia a dia. Não há situação alguma sem anjo, em que sejamos abandonados sozinhos. Esta é a mensagem consoladora a nós seres humanos – que os poetas e pintores anunciam hoje de forma nova: “É melhor não haver mundo nenhum do que um mundo sem anjos” (Ilse Aichinger).

São e salvo

A pessoa santa está sarada, tornou-se integral e cresceu para dentro da forma originalmente feita por Deus, entrou em contato com o cerne divino: ela encarna tudo aquilo que desejamos.

Alguns livros hagiográficos colocaram os santos em pedestal tão elevado que nos parecem estranhos e inacessíveis.

Mas os santos não eram, nem são, pessoas perfeitas, e sim pessoas que apresentaram a Deus todos os seus erros e fraquezas e cujos lados de sombra foram iluminados pela luz divina. Não foram pessoas isentas de erros e nem sempre foram totalmente sãs do ponto de vista psicológico. Como nós, também os santos sofriam com seus erros e fraquezas. Mas eles disseram sim ao seu modo de ser e o colocaram a serviço de Deus. E, assim, mesmo os componentes doentios de sua personalidade – ao nosso modo de ver – tornaram-se fonte de bênção para outras pessoas. Suas feridas foram transformadas em pérolas, como diz Hildegard von Bingen. Talvez seja o aspecto importante e a ser valorizado na vida dos santos: precisamente em suas feridas abriram-se para Deus, tornaram-se sensíveis às necessidades das outras pessoas e ao mesmo tempo humildes em relação a si mesmas. Sentiam que aquilo que delas defluía como terapia não era mérito seu, mas exclusiva obra de Deus. Os santos são sinais da esperança de que também nossa vida terá êxito e de que nosso desejo será satisfeito.

Todos temos um nome. Na tradição católica, os pais procuram nomes de santos para seus filhos, que se tornarão seus patronos. Quando medito na vida do(a) santo(a) cujo nome eu trago, aprendo até a conhecer-me um pouco melhor. Descubro aspectos em mim que eu ignorava antes. Começo a confiar em que tenha mais possibilidades do que me atribuía até agora. Entro em contato com meu verdadeiro ser. Os santos são imagens através das quais conhecemos mais claramente a nossa própria imagem. Dão-nos coragem para nos aceitarmos incondicionalmente não só com nossos lados de sombra, mas também com nossos lados de luz, com as capacidades e possibilidades que estão dentro de nós. Eles nos inspiram a seguir o nosso desejo.

Um aguilhão do amor

Quando entrei para o mosteiro, escolhi para meu padroeiro de nome Santo Anselmo de Cantuária. Até hoje mantenho com ele um relacionamento bem próximo. Anselmo quer dizer "protegido dos deuses". Seu biógrafo, Santo Edmar, diz que era a pessoa mais gentil de seu tempo. Sua vida vem marcada por conflitos e agitações políticas. Era bispo, mas passou a maior parte do tempo no exílio. Assim mesmo, por trás de todos os conflitos em que foi envolvido, sempre ficou patente o objetivo primeiro de sua vida: elevar mente e coração para o autêntico, para o fundamento de todo ser vivo.

Anselmo distinguiu-se por uma teologia de oração – uma formulação que se tornou moda. Essa atitude fundamental transparece também em sua ciência. Famoso é o início do proslógio: "Tu, pequena pessoa, foge um pouco do teu ativismo! Esconde-te por um curto momento dos pensamentos determinantes. Livra-te das preocupações que te incomodam e desiste daquilo que te dispersa. Toma tempo para ti em Deus e repousa nele! Fala a Deus: 'Eu busco tua presença, Senhor' (Sl 27,8). Meu Senhor e meu Deus, ensina meu coração onde e como te procurar, onde e como te encontrar". Nessas palavras fica claro o desejo profundo que animava Anselmo de dar um rosto divino à sua teologia.

Seu lema era "*Credo ut intelligam* – creio para compreender". Para ele não bastava aceitar simplesmente as verdades de fé. Queria entendê-las. Mas nem por isso a compreensão é a última medida para ele. A fé é o fundamento sobre o qual a razão pode construir. É a fé que abre os olhos das pessoas, para que vejam a realidade como ela é.

A figura de Santo Anselmo é para mim um estímulo a fim de viver com mais consciência minha própria vida. Fascina-me nele a procura constante pela face de Deus e querer entendê-lo. Seu pensamento é impulsionado pelo desejo de encontrar Deus e de experimentar sua proximidade. Uma de suas mais belas orações é esta: "Senhor, ensina-me a procurar-te e mostra-te a quem te procura, pois não posso procurar-te se tu não me ensinas como fazê-lo e não posso encontrar-te se não te mostras a mim. Ansiosamente quero procurar-te e na procura aumentar o meu desejo; amorosamente quero encontrar-te e, ao encontrar-te, amar-te cada vez mais".

Santo Anselmo une desejo com procurar. Procurar e desejo, encontrar e amor – estes quatro esteios da procura de Deus estão intimamente ligados para ele. Ao procurá-lo, meu desejo por ele torna-se sempre mais forte. Em última análise, é o amor a Deus que me impele a procurá-lo e a encontrá-lo. E, tendo-o encontrado, isto me anima a amá-lo mais ainda. Mas procurar e encontrar nunca cessam. Jamais o encontrarei de tal forma que não precise procurar mais. Tendo-o encontrado, ele se retira novamente de mim. Mas no encontrar, no tatear, no agarrar, Deus aumenta meu amor por ele. E o amor atiça meu desejo. E assim recomeço minha busca ansiosa por Deus.

Para mim, pessoalmente, Santo Anselmo é até hoje um constante estímulo para não correr atrás de frases abstratas, mas procurar uma teologia da oração, de confiar no desejo de meu coração. Ele me estimula a não desanimar a pessoa que está buscando, mas mostrar-lhe que não está sozinha nesse seu desejo de um amor mais profundo. Além disso, ele é para mim um estímulo a fim de não me deixar abater por notícias de catástrofes e por queixas sobre as circunstâncias do tempo atual, mas confiar no Deus que pode mudar o coração do ser humano, que, mesmo após longos anos de conflitos, pode trazer novamente a paz.

Eis a mensagem desta vida: o desejo conduz para além do próprio eu limitado e relativiza os problemas com os quais nos debatemos. Ele nos liberta da compulsão de termos de agarrar todo o belo e agradável da vida. Nós nos podemos deleitar com isso, mas também nos afastar outra vez.

O desejo nos torna capazes de ficar serenos em meio aos conflitos da vida – Santo Anselmo suportou muitas contendas e maledicências. O que não satisfaz nossas expectativas, o desejo pode aprofundar. As consequências não serão frustração e tristeza, mas liberdade e confiança interiores.

Tudo o que vai mal não consegue tirar o amor e a afabilidade daquele que confia em seu desejo. Este só vai fortalecê-los e aprofundá-los. Quem confia em seu desejo encontra perfeita e satisfeita serenidade.

Perseverança paciente

O Novo Testamento pouco fala do desejo, mas muito da esperança. E a tradição cristã entendeu a fé, a esperança e a caridade como as três virtudes teologais, em contraposição às quatro virtudes cardeais, que o filósofo grego Aristóteles descreveu como pressupostos para uma vida exitosa: justiça, prudência, fortaleza e temperança. Portanto, a esperança, como virtude espiritual, é a condição de nossa vida "prestar" diante de Deus. O desejo não é considerado virtude, mas como força que está no ser humano, quer ele queira, quer não. O desejo impulsiona a pessoa. A esperança – diz a tradição cristã – é uma virtude doada por Deus que nos dá habilidade e força. A esperança está cheia de atividade. Ela conforma este mundo, porque acredita que Deus reservou um futuro para este mundo. Acredita que haja um sentido em lutar pelo mundo e pelas pessoas. Está certa de que Deus guarda um futuro bom para os seres humanos. Mas sabe também que nossas esperanças intramundanas caem no vazio quando não são amparadas pela confiança numa ação maior.

A esperança se parece com o desejo. E assim mesmo é algo diferente. A esperança vem marcada pela confiança no futuro, pela confiança de que o futuro está na mão de Deus e de que ele satisfaz os nossos desejos mais profundos. E a esperança contém a perseverança paciente até que Deus realize suas promessas em nós. O desejo simplesmente existe, quer eu queira ou não. Quanto à esperança, preciso decidir-me conscientemente. Ela é uma virtude que eu preciso cultivar. Contra a atitude pessimista de que o mundo caminha para a destruição, a esperança confia em que Deus conduz o mundo e a humanidade para a perfeição, mesmo que tal perfeição passe pelo processo e frugalidade das representações humanas. A cruz é o sinal mais claro disso. Ela representa a esperança que, mesmo no declínio, dá sinal de nova vida.

Em que espero

Mesmo que esperança e desejo não sejam a mesma coisa, estão ligados entre si. Pois também o desejo espera alguma coisa. Ele se estende em plena intensidade por aquilo que ainda não existe. É uma força que supera a realidade existente. Pode unir-se com a confiança num futuro – e também gostaria que fosse verdadeiro e real.

Meu desejo e minha esperança se unem na fé na ressurreição. Isso significa sair já agora da escuridão para a luz, da estreiteza para a amplidão, da paralisia para a vida, da sepultura para a postura perfeita e caminhar desimpedido.

Minha esperança e meu desejo referem-se a uma comunidade humana em que domina o amor de Deus e não o lucro. Referem-se a que encontremos em seu domínio a liberdade do abuso do poder. Eu espero e desejo que o reino de Deus venha a cada pessoa, para que possa ser total e una, para que possa ficar livre do domínio do próprio superego. Eu espero e desejo que este reino se torne visível num novo viver em comum. E que tal reino também fique visível na relação entre homem e cosmos, numa criação que espelha a beleza do criador.

Meu desejo confia em nova espiritualidade que toca as pessoas e as coloca em conta com suas fontes interiores. Aquelas fontes que as faz viver, para que possam dar sem se esgotar, para que trabalhem por este novo mundo sem se acomodar e espalhem no mundo algo do saber de Deus.

Eu também desejo uma linguagem que unifica, uma linguagem que desperta, uma linguagem que possibilita um novo viver em comum, uma linguagem que diz o indizível, que torna audível o inaudível. Eu gostaria de uma linguagem que despertasse vida, que elevasse, que animasse, esclarecesse e libertasse.

Espero uma comunidade humana que crie um espaço no qual os abatidos se levantem, os leprosos se aceitem, os paralíticos andem, os cegos vejam, os entorpecidos e semimortos voltem a viver. E espero que em nosso mundo tão sofrido sejam eficazes cura e libertação, que nossas feridas se transformem em pérolas, e que Deus mude nossa história de sofrimento numa história de abertura para a salvação.

Eu espero por uma nova terra, por um novo céu, por uma nova criação, não só depois da minha morte, não só depois do fim do mundo, mas já agora. Espero que Deus faça tudo novo já nos dias que correm, que faça uma nova convivência, uma nova equanimidade entre os seres humanos.

Espero que nos encontremos a nós mesmos, o nosso verdadeiro si-mesmo, a imagem autêntica e originária que Deus fez de cada um de nós para si.

Espero que assim brote no coração das pessoas a esperança, a reconciliação, a paz e o amor.

Espero que as pessoas que estão separadas por inimizade encontrem e vivam um amor que não se misture com pretensões de conquista, um amor que flua e encante as pessoas, que deixe um novo gosto de vida.

Espero que o amor nunca esfrie, mas que transborde.

Espero num amor que vença a morte.

V

Final

O mais belo vem no fim

O fato de o desejo nos abrir olhos novos para o percebido mostram-me os maravilhosos versos do poeta turco Nazim Hikmet:

> A coisa mais bela dos mares
> é aquilo que ainda não vimos.
> A coisa mais bela das crianças
> está ainda oculta em seus berços.
> Os dias mais belos
> são aqueles que ainda não vivemos.
> E o mais belo que eu gostaria de lhe dizer
> eu ainda não o disse.

Para quem contempla o mundo com os olhos deste poeta lírico turco, o mundo contém sempre surpresas. Jamais haverá de recostar-se enfastiado no sofá. Vê, em tudo, aquilo que ainda não enxergou. Deseja ver o invisível, vivenciar o ainda não vivido e dizer o ainda não dito. Em tudo o que vive sente uma promessa, reconhece um prenúncio. O prenúncio do que nunca existiu antes.

Para mim, não há melhor fim de livro do que as últimas palavras desse breve poema: "E o mais belo que eu gostaria de lhe dizer eu ainda não o disse". Não é que eu tivesse guardado o mais belo. Eu simplesmente não o conheço. Só sei que ele existe. E em todo meu escrever e falar eu me esforço para atingir aquele belo, a palavra que abre os olhos para o mistério de Deus, a palavra-chave que desvenda a realidade de tal forma a transparecer o mistério e a beleza interior de

Deus. Para mim, escrever significa buscar o mais belo, aquilo que faz brilhar a minha e a sua vida. Mas ainda não o encontrei. Também a mim acontece o mesmo que ao poeta turco Nazim Hikmet. Por isso, continuo escrevendo e desejo a todos que leiamos com os olhos do desejo, a fim de que em alguma parte resplandeça para nós, em alguma palavra, o mais belo, aquilo que mergulha toda e qualquer vida na beleza indescritível de Deus.

Faço votos que as leitoras e os leitores deste livro possam sentir a ação operante do desejo etéreo e libertador, salvífico e pacificador. Faço votos que todos sintam no desejo a vida plena e a dignidade que ninguém lhes pode roubar. O desejo não se deixa abater por nada. Mesmo na maior derrota, continua vivo. Ele nos mantém vivos e nos dá verdadeira liberdade e paz imperturbável. E, se a afirmação de Saint-Exupéry está correta de que o desejo de amor já é amor, o desejo nos enche de um amor que não pode ser destruído pelos conflitos e dificuldades do dia a dia.